French Glossary of Commercial Terms

French-English
English-French

EuroLexus series

i
impact books

First published in Great Britain in 1993 by
Impact Books
151 Dulwich Road, London SE24 0NG

© Lexus Ltd 1993

All rights reserved. No part of this publication may be
reproduced in any form or by any means without the
prior permission of Impact Books.

ISBN 1 874687 25 0

Printed and bound by The Guernsey Press, Guernsey

ont contribué/contributors

Patricia Clarke   Jane Goldie   Catherine Stringer
Claudine Rebersat   Carine Lipski

TABLE DES MATIERES
CONTENTS

Lexique français-anglais
French-English glossary 1

Lexique anglais-français
English-French glossary 83

Annexes
Appendices

    Connaissement
    Bill of lading 164

    Permis d'embarquement standard
    Standard shipping note 166

    Lettre de transport aérien
    Air waybill 168

    Facture
    Invoice 170

    Lettre de change
    Bill of exchange 172

    Facture d'avoir
    Credit note 174

    Commande
    Purchase order 176

    Demande d'ouverture de crédit documentaire
    Application for documentary credit 178

    Noms géographiques
    Geographical names 180

    Monnaies
    Currencies 185

    Poids et mesures
    Weights and measures 186

PRÉFACE
PREFACE

Ce lexique contient une grande variété de termes susceptibles d'être utilisés ou rencontrés par ceux qui s'intéressent au commerce international. Il en aborde diverses facettes telles que le transport de marchandises par route, chemin de fer, avion ou bateau ; l'indemnisation des biens à transporter et l'assurance contre les risques commerciaux ; le règlement de transactions commerciales au moyen de lettres de crédit, lettres de change, etc. Il comporte également une série de termes importants relatifs aux affaires et à la comptabilité en général. Avec, enfin, des annexes offrant des exemples de permis d'embarquement, connaissement, facture, lettre de crédit, etc., ce manuel s'avère l'outil à la fois pratique et indispensable en matière de commerce international.

This glossary covers a wide range of vocabulary that is likely to be used or encountered by those involved in international commerce. It covers areas such as: the transportation of goods by road, rail, air or sea; the insurance of goods to be shipped and insurance against commercial risks; the financing of commercial deals by letters of credit, bills of exchange etc. It also includes a range of important general business and accounting terms. With appendices giving examples of a shipping note, a bill of lading, a waybill, invoice and letter of credit and more, this book is a highly practical tool for international trade.

*abréviations/*abbreviations

adj	*adjectif/*adjective
Am	American English/*anglais américain*
Br	British English/*anglais britannique*
f	*féminin/*feminine
qch	*quelque chose*/something
qn	*quelqu'un*/somebody
m	*masculin/*masculine
pl	*pluriel/*plural
sb	somebody/*quelqu'un*
sth	something/*quelque chose*
vi	*verbe intransitif/*intransitive verb
vt	*verbe transitif/*transitive verb

A

abaisser [*prix, etc.*] to lower
abattement *m* tax allowance, tax reduction
abîmé damaged
abimé en cours de transit damaged in transit
abîmer to damage
accaparer le marché to corner the market
accéder à une demande to comply with a request
acceptable acceptable
acceptation *f* acceptance
accepter to accept
accommodement *m* agreement, arrangement; [*avec créditeurs*] composition
accord *m* agreement; *aboutir à un accord* to lead to an agreement; *être d'accord avec* to agree with; *se mettre d'accord sur* to come to an agreement on; *tomber d'accord sur* to come to an agreement on
accord bilatéral *m* bilateral agreement
accord commercial *m* trade agreement
accord multilatéral *m* multilateral agreement
accord verbal *m* verbal agreement
accord de clearing *m* clearing agreement
accord de compensation *m* offset agreement
accord de distribution exclusive *m* exclusive distribution agreement
accord de licence *m* licensing agreement
accord de partenariat *m* partnership agreement
accord de représentation *m* agency agreement
accorder to grant
accorder un escompte to give a discount
accrédité *m* beneficiary, payee
accrédité [*représentant*] authorized
accréditif *m* letter of credit
accroissement *m* increase
accroître to increase
accumulation *f* accumulation; [*de marchandises*] stockpiling
accumuler to accumulate; [*marchandises*] to stockpile
accusé de réception *m* acknowledgement (of receipt)
accuser réception de to acknowledge receipt of
achalandage *m* custom; [*clients*] clientele; [*fonds de commerce*] goodwill
achat *m* purchase
achat à crédit *m* purchase on credit, credit purchase
achat à terme *m* forward purchase
achat au comptant *m* cash purchase

1

achat contre espèces *m* cash purchase
acheminement *m* [*de biens*] forwarding; [*transport*] shipment
acheminer to forward
acheter to buy, to purchase
acheter à crédit to buy on credit
acheter à tempérament to buy by instalments
acheter à terme to buy forward
acheter au comptant to buy for cash
acheteur *m* buyer, purchaser
achèvement *m* completion
achever to complete
acompte *m* down payment, payment on account; [*versement*] instalment; ***donner un acompte*** to make a down payment, to make a payment on account
acompte mensuel *m* monthly instalment, monthly payment
acquéreur *m* purchaser
acquisition *f* acquisition
acquit *m* receipt; ***pour acquit*** payment received, received with thanks
acquit de douane *m* customs receipt
acquit de paiement *m* receipt
acquit de transit *m* transshipment note
acquitté [*facture*] paid; [*effet*] acquitted
acquittement *m* [*de facture*] payment; [*d'effet*] acquittal
acquitter [*impôt*] to pay; [*considérer pour acquit*] to receipt
acte *m* deed
acte de notoriété *m* affidavit
acte de vente *m* deed of sale
actif *m* [*bancaire*] credit balance; [*de société*] assets

actif immobilisé *m* fixed asset
actif net *m* net assets, net worth
action *f* [*juridique*] action, legal action; [*intentée*] lawsuit
actions *fpl* shares, stock *Am*
actuaire *mf* actuary
actuariel actuarial
actuel current
adapter to adapt
s'adapter à to adjust to
addition *f* addition
additionner to add, to add up
adhérent *m* member
adhérer à to join
adhésion *f* membership
adjudicataire *mf* successful tenderer; ***être l'adjudicataire*** to be awarded the contract
adjudicateur *m* contract-awarding party
adjudication *f* [*de contrat*] award; [*vente aux enchères*] sale by auction
adjuger [*contrat*] to award
administration portuaire *f* port authorities
admission *f* admission
admission temporaire *f* temporary entry
admission en franchise *f* duty-free entry
ADR (=accord européen relatif au transport international des marchandises dangereuses par route) *m* ADR, European agreement on the international carriage of dangerous goods by road
adresse *f* address
adresse de facturation *f* address for invoicing
adresse de livraison *f* delivery

address; [*d'objets volumineux*] shipping address
adresse du siège social *f* head office address, registered office address
adresser to address
s'adresser à [*à un service, etc.*] to apply to
AELE (=Association européenne de libre-échange) *f* EFTA
aérien air; *expédier par fret aérien* to airfreight
aérogare *f* air terminal, terminal building
aéroglisseur *m* hovercraft
aéroport *m* airport
aéroport de départ *m* airport of departure, departure airport
aéroport de destination *m* airport of destination, destination airport
affacturage *m* factoring
affaire *f* matter; [*marché*] deal; [*entreprise*] business; *avoir affaire à* [*à qn*] to deal with
affaires *fpl* business; *faire des affaires* to do business
afficher les prix to display prices, to post prices
affirmation *f* statement
affirmer to state
affranchissement *m* [*valeur*] postage
affrètement *m* charter, affreightment
affréter to charter
affréteur *m* charterer
affréteur routier *m* road haulier
AFNOR (=Association française de normalisation) *f* French industrial standards authority
agence *f* agency; [*de banque*] branch
agence de publicité *f* advertising agency
agence de voyages *f* travel agency
agent *m* agent

agent commercial *m* sales representative
agent exclusif *m* sole agent, exclusive agent
agent général *m* agent
agent importateur *m* importer
agent mandataire *m* authorized representative
agent maritime *m* shipping agent
agent technico-commercial *m* sales technician
agent de contact *m* contact
agent de distribution à l'export *m* export distribution agent
agent de fret *m* freight forwarder, forwarding agent
agent de ligne *m* forwarding agent
AGETAC (=Accord général sur les tarifs douaniers et le commerce) *m* GATT
agitation sociale *f* civil commotion
agréé [*détaillant*] approved, recognized, authorized
agréer to approve
agrément *m* approval
aire de dédouanement *f* customs clearance area
ajournement *m* postponement
ajourner to postpone
ajouter to add
ajustement fret *m* bunker adjustment factor
ajuster to adjust
alignement des prix *m* alignment of prices, price alignment
alléger to reduce
allouer to allocate
ambassade *f* embassy
ambassadeur *m* ambassador
amendement *m* amendment; [*clause*] additional clause
amiable: *à l'amiable* out of court

amorti

amorti [*bien*] depreciated; [*capital*] amortized
amortir [*frais, coût*] to write off, to amortize; [*obligation, emprunt*] to redeem
an *m* year; *par an* per year, annually
analyse *f* analysis
analyse des ventes *f* sales analysis
analyser to analyse
animation des ventes *f* sales promotion
année *f* year
annexé à attached to
annonce *f* advertisement; *insérer une annonce* to put an advertisement in; *répondre à une annonce* to reply to an advertisement
annuaire *m* directory
annuaire du commerce *m* trade directory
annuel annual
annuellement annually
annulation *f* cancellation
annulation rétroactive *f* retroactive cancellation
annuler to cancel
annuler un chèque to cancel a cheque
annuler un crédit to cancel a loan
annuler un ordre to cancel an order
antérieur prior
anticipé early
anticiper un paiement to pay in advance
antidater to backdate; [*contrat*] to antedate
APN (=assurance prospection normale) *f* standard market exploration insurance
appareil commercial *m* commercial structure
appareil de production *m* production facilities
appel d'offres *m* call for tenders
appliquer to apply
apposer sa signature à to put one's signature to
approbation *f* approval
approuver to approve
approvisionnement *m* supply
approvisionner to supply; *approvisionner qn en qch* to supply sb with sth
approximatif approximate
après imposition after tax
après impôt after tax
APS (=assurance prospection simplifiée) *f* simplified market exploration insurance
apurer une dette to discharge a debt
arbitrage *m* arbitration
arbitrer to arbitrate
argent *m* money
argent comptant *m* cash
argent liquide *m* cash
argent en caisse *m* cash in hand; [*recettes*] takings
argumentaire *m* selling points
arrangement *m* arrangement
arrangement à l'amiable *m* out of court settlement
arrérages *mpl* arrears
arrêt de paiement *m* stoppage of payment(s)
arrêter un marché to close a deal
arrhes *fpl* deposit
arriéré *m* arrears; *il y a un arriéré de cinq mille livres* £5000 is still outstanding
arriéré in arrears
arrimage *m* stowage
arrimeur *m* docker, stevedore
arrivage *m* consignment

assurances

arrivage de marchandises *m* consignment of goods

arriver à quai to berth, to dock

arrondir to round off; [*vers le haut*] to round up; [*vers le bas*] to round down

article *m* article

articles de consommation *mpl* consumables, consumer goods

articles de luxe *mpl* luxury goods

assignation *f* writ of summons

association *f* society, association; [*entreprise*] partnership

Association européenne de libre-échange *f* European Free Trade Association

Association IATA *f* IATA

association pour l'emploi dans l'industrie et le commerce *f* French unemployment benefits department

associé *m* partner; [*collègue*] business associate

assumer les frais to bear the costs

assumer un risque to take a risk

assurance *f* insurance

assurance "ad valorem" *f* replacement value insurance

assurance catalogue coface *f* standard export guarantee insurance

assurance catalogue évolutif *f* upgradeable standard insurance

assurance confiscation *f* confiscation insurance

assurance crédit *f* credit insurance, loan insurance

assurance décès-invalidité *f* whole life and disability insurance

assurance foire *f* exhibition insurance

assurance garantie constructeur *f* manufacturer's guarantee insurance

assurance incendie *f* fire insurance

assurance maintenance étendue *f* extended maintenance insurance

assurance maintenance visite *f* callout maintenance insurance

assurance maladie *f* health insurance

assurance maritime *f* marine insurance

assurance multirisque *f* comprehensive insurance

assurance offre *f* tender insurance

assurance offre coface *f* Export Credit Guarantee tender insurance

assurance perte de l'exploitation *f* insurance for loss of trade

assurance prospection *f* market exploration insurance

assurance prospection normale *f* standard market exploration insurance

assurance prospection simplifiée *f* simplified market exploration insurance

assurance responsabilité civile *f* public liability insurance

assurance tous risques *f* comprehensive insurance, all-risks insurance

assurance tous risques chantiers *f* comprehensive site insurance

assurance transport *f* transportation insurance

assurance-vie *f* life insurance, life assurance *Br*

assurance vol *f* theft insurance

assurance au tiers *f* third-party insurance

assurances *fpl* insurance

5

assuré

assuré *m* assured, insured (party), policy holder
assurer to insure
*s'***assurer** to take out insurance
assureur *m* insurer
atelier *m* workshop, shop
attaché commercial *m* commercial attaché
attaquer en justice to take legal action against
attaquer un marché to attack a market
attestation *f* certificate
attestation d'assurance *f* certificate of insurance
attestation de rejet *f* [*de chèque*] notification of returned cheque
attitré [*agent*] appointed
augmentation *f* increase
augmentation de prix *f* price increase
augmenter to increase
authenticité *f* authenticity
authentifier to authenticate
authentique [*copie*] certified
autorisation de dédouanement *f* customs clearance authorization
autorisé authorized
autoriser to authorize
autorités portuaires *fpl* port authorities
aval: pour aval guaranteed by
aval bancaire *m* aval
avance *f* advance
avance de fonds *f* advance
avant imposition before tax
avant impôt before tax
avantage fiscal *m* tax benefit
avantage en nature *m* benefit in kind
avantages sociaux *mpl* fringe benefits
avarie *f* damage
avarié damaged

avenant *m* rider; [*de police*] endorsement to a policy
avion *m* aeroplane, airplane *Am*; *par avion* by air; [*lettre*] by air, by airmail
avion-cargo *m* freight plane, cargo plane
avion mixte *m* passenger and cargo plane
avis *m* notification; [*document*] notice, note, advice
avis d'expédition *m* dispatch note, consignment note
avis d'expédition standard *m* standard shipping note
avis d'imposition *m* tax assessment
avis de crédit *m* credit advice
avis de débit *m* debit advice
avis de domiciliation *m* domiciliation advice
avis de paiement *m* payment advice
avis de prélèvement *m* direct debit advice
avis de réception *m* acknowledgement (of receipt)
avis de rejet *m* [*de chèque*] notice of returned cheque
avis de virement *m* (bank) transfer advice
avis de la banque *m* bank advice, bank notification
aviser to inform, to advise
avocat *m* lawyer
avoir *m* credit note; [*sur compte*] credit; [*biens*] assets; [*capital*] capital
avoir-client *m* customer credit
avoir-fournisseur *m* supplier credit
avoir de compte *m* account credit
avoir en devises *m* foreign currency holding
ayant-compte *m* account holder

B

baisse des prix *f* drop in prices
baisser to lower
balance *f* balance
balance commerciale *f* balance of trade
balance d'inventaire *f* inventory balance
balance des paiements *f* balance of payments
bancaire banking, bank
banque *f* bank
banque centrale *f* central bank
banque commerciale *f* commercial bank
banque compensatrice *f* clearing bank
banque confirmatrice *f* confirming bank
Banque européenne d'investissement *f* European Investment Bank
banque notificatrice *f* advising bank
banque d'affaires *f* merchant bank
banque de crédit *f* credit bank
banque de dépôt *f* deposit bank
banquier *m* banker
barème des prix *m* price scale
barrières douanières *fpl* customs barriers
bas de gamme down-market
base *f* basis
base de calcul *f* basis of calculations
base hors taxe *f* [*de TVA*] amount exclusive of VAT
bateau mixte *m* passenger and cargo ship
BEI (=Banque européenne d'investissement) *f* EIB
bénéfice *m* profit
bénéfice brut *m* gross profit
bénéfice imposable *m* taxable profit
bénéfice net *m* net profit
bénéfice d'exploitation *m* operating profit
bénéficiaire *mf* beneficiary, payee
BFCE (=Banque française du commerce extérieur) *f* French foreign trade bank
bien-fondé *m* validity
biens consommables *mpl* consumables
biens durables *mpl* durables, consumer durables
biens intermédiaires *mpl* semi-finished goods
bilan *m* balance sheet
bilan comptable *m* balance sheet
billet à ordre *m* promissory note
billet de banque *m* banknote, bill *Am*
blocage *m* [*de prix, salaires*] freeze
bloquer [*fonds*] to block
bon *m* voucher, slip, coupon
bon d'entrée *m* stock received docket/form
bon d'expédition *m* dispatch note, consignment note

bon de commande *m* purchase order
bon de garantie *m* guarantee slip
bon de livraison *m* delivery note
bon de réception des marchandises *m* receipt note
bon de sortie *m* stock issued docket/form
bon pour aval guaranteed by
boni *m* [*excédent*] profit, gain
bonification *f* rebate; [*supplément*] bonus
bonifié [*prêt*] at a reduced rate of interest
bonus *m* bonus; [*assurance*] no claims bonus
boom *m* boom
bordereau *m* [*formulaire*] form; [*liste*] list
bordereau d'achat *m* inventory of purchases
bordereau d'escompte *m* list of bills for discount
bordereau d'expédition *m* dispatch note
bordereau de chargement *m* cargo list
bordereau de compte *m* statement of account
bordereau de crédit *m* credit note
bordereau de remise *m* pay-in slip
bordereau de remise d'espèces *m* pay-in slip
bordereau de versement *m* paying-in slip
bordereau de versement d'espèces *m* paying-in slip
boucler [*un marché, un budget*] to close
bourse de commerce *f* equivalent to Royal Exchange
bourse de fret *f* shipping exchange

boycott *m* boycott
boycotter to boycott
BPF (=bon pour francs) good for francs
branche *f* line of business
branche d'activité *f* area of operations
brevet *m* patent
brevet d'invention *m* patent
breveter to patent
brut gross
budget *m* budget
budget de prospection *m* market exploration budget
budget des ventes *m* sales budget
budgétaire budget, budgetary
bulletin *m* bulletin; [*revue*] report
bulletin-réponse *m* reply coupon
bulletin de commande *m* order slip, order form
bulletin de versement *m* receipt
bureau d'achat *m* purchase office
bureau d'enregistrement *m* registration office
bureau d'entrée *m* port of entry
bureau d'expédition *m* shipping office
bureau d'exportation *m* export office
bureau d'ordonnancement *m* scheduling and planning department
bureau de départ *m* port of departure
bureau de destination *m* port of destination
bureau de douane *m* customs office
bureau de passage *m* port of transit
bureau de publicité *m* advertising agency

C

CA (=chiffre d'affaires) *m* sales, turnover
cachet *m* seal
cachet d'arrivée *m* received stamp
cadre *m* executive
CAF (=coût assurance fret) CIF
cahier des charges *m* terms and conditions; [*technique*] technical specifications
caisse *f* crate
caisse de garantie *f* credit guarantee institution
calcul *m* calculation
calculer to calculate
cale *f* hold
cambiste *mf* foreign exchange broker
camion *m* lorry *Br*, truck
camion-citerne *m* tanker
camion réfrigéré *m* refrigerated lorry
camionnage *m* road haulage, trucking *Am*
camionnette de livraison *f* delivery van
camionneur *m* lorry driver, trucker *Am*
campagne publicitaire *f* advertising campaign
campagne de promotion *f* promotional campaign
campagne de publicité *f* advertising campaign
campagne de vente *f* sales campaign
canal de distribution *m* distribution channel
canaux de communication *mpl* channels of communication
capacité productive *f* productive capacity
capacité à emprunter *f* borrowing capacity
capacité d'achat *f* purchasing power
capacité d'endettement *f* borrowing capacity
capacité de production *f* production capacity
capitaine de port *m* harbour master
capital *m* capital
capital initial *m* startup capital
capital-risque *m* venture capital
capital roulant *m* working capital
capital social *m* share capital
capital de départ *m* startup capital
capital de roulement *m* working capital
capitaux disponibles *mpl* available capital
capitaux propres *mpl* equity
captif captive
cargaison *f* cargo
cargaison flottante *f* cargo afloat
cargaison mixte *f* mixed cargo
cargaison en vrac *f* bulk cargo
carnet ATA *m* ATA carnet
carnet communautaire *m* Community carnet

carnet de commandes *m* order book
carnet de route *m* logbook
carte accréditive *f* credit card; [*de magasin*] charge card
carte de crédit *f* credit card
carte de fidélité *f* valued customer card, frequent user card
carte de paiement *f* payment card
carte de visite *f* business card, card
cartel *m* cartel
carton *m* cardboard; ***un carton*** a cardboard box; ***en carton*** cardboard
carton ondulé *m* corrugated cardboard
cartonnage *m* [*mise en carton*] packing
cas de force majeure *m* act of God
casse *f* breakage
casser les prix to slash prices
catalogue *m* catalogue
catalogue de normes *m* standards catalogue
catégorie *f* category
catégorie de produit *f* product category
caution *f* guarantee, surety, security
caution de banque *f* bank guarantee
caution de restitution d'acomptes *f* guarantee to refund down payments
caution de soumission *f* bid bond
cautionnement *m* guarantee
cautionner to stand surety for
C/C (=compte chèque) *m* C/A
CCB (=compte de chèque bancaire) *m* C/A
CCI (=Chambre de commerce et de l'industrie) *f* Chamber of Commerce and Industry
CCP (=compte courant postal) *m* post office cheque account, giro account
CEE (=Communauté économique européenne) *f* EC, EEC; ***de la CEE*** EC, EEC
cellule d'achat *f* purchasing unit
CEN (=Comité européen de normalisation) *f* European standardization committee
centrale d'achat *f* central purchasing group, central buying group
centralisation *f* centralization
centraliser to centralize
centre de chèques postaux *m* PO cheque account centre
certificat *m* certificate
certificat sanitaire *m* health certificate
certificat d'assurance *m* insurance certificate
certificat d'entreposage *m* warehouse warrant
certificat d'origine *m* certificate of origin
certificat de dépôt *m* certificate of deposit; [*de marchandises*] warehouse warrant
certificat de garantie *m* guarantee certificate, warranty certificate
certificat de jaugeage *m* tonnage certificate
certificat de non-paiement *m* [*de chèque*] notification of unpaid cheque; [*d'effet*] certificate of dishonour
certificat de valeur *m* certificate of value
certification *f* certification
certifier to certify
cessation: après la cessation de l'entreprise after the company ceased trading
cessation de paiement *f* suspension

circonstances

of payments
C et F (=coût et fret) C&F
CFCE (=Centre français du commerce extérieur) *m* French overseas trade organization
CGI (=Code général des impôts) *m* general tax code
CH N° (=chèque numéro) cheque No.
chaîne de distribution *f* distribution chain
chaland *m* client
Chambre de commerce *f* Chamber of Commerce
Chambre de commerce internationale *f* International Chamber of Commerce
chambre de compensation *f* clearing house
champ *m* [*rubrique*] field
change *m* foreign exchange
chapardage *m* pilferage
charge constatée d'avance *f* prepayment
charge utile *f* payload
chargement *m* load
chargement partiel *m* part load
charges nettes *fpl* net costs
charges d'exploitation *fpl* operating costs, running costs
chargeur *m* shipper
chef de produit *m* product manager
chef de publicité *m* advertising manager
chef des ventes *m* sales manager
chemin de fer *m* railway; *envoyer qch par chemin de fer* to send sth by rail, to send sth railfreight
chèque *m* cheque, check *Am*
chèque bancaire *m* bank cheque
chèque barré *m* crossed cheque
chèque bloqué *m* blocked cheque

chèque certifié *m* certified cheque
chèque compensé *m* cleared cheque
chèque nominatif *m* cheque made out to name
chèque postal *m* post office cheque
chèque au porteur *m* cheque made out to bearer, bearer cheque
chèque d'entreprise *m* company cheque
chèque de banque *m* banker's draft, cashier's check *Am*
chèque de virement *m* transfer cheque
chèque en blanc *m* blank cheque
chèque en bois *m* rubber cheque
chèque non endossable *m* non-negotiable cheque
chèque sans provision *m* rubber cheque, cheque that bounces
chiffrage *m* adding up, totalling
chiffre *m* figure
chiffre d'affaires *m* sales, turnover
chiffre d'affaires annuel *m* annual sales figures, annual turnover
chiffre d'affaires critique *m* breakeven point
chiffre d'affaires global *m* total sales
chiffre de vente *m* sales figures
chiffrer: se chiffrer à to add up to, to total
chronogramme *m* planner
chute des prix *f* drop in prices
cible publicitaire *f* advertising target
cibler to target
CIJ (=Cour internationale de justice) *f* ICJ
CIM (=Convention internationale concernant le transport des marchandises par chemin de fer) *f* CIM
circonstances *fpl* circumstances

circonstances exceptionnelles

circonstances exceptionnelles *fpl* exceptional circumstances
circuit de commercialisation *m* marketing network
circuit de distribution *m* distribution network
circulation des devises *f* circulation of currency
circulation des marchandises *f* circulation of goods
citation *f* summons
citer [*un prix*] to quote
classe *f* class
clause compromissoire *f* arbitration clause
clause contractuelle *f* clause of a/the contract
clause dérogatoire *f* waiver (clause)
clause ducroire *f* del credere clause
clause pénale *f* penalty clause
clause à ordre *f* to order
clause au porteur *f* pay to bearer clause
clause d'annulation *f* cancellation clause
clause d'arbitrage *f* arbitration clause
clause d'exclusivité *f* exclusivity clause, exclusive rights clause
clause d'exonération *f* exemption clause
clause d'indexation *f* cost-escalation clause
clause de franchise *f* excess clause
clause de non-concurrence *f* non-competition clause
clause de réserve de propriété *f* retention of title clause
clause de résiliation *f* termination clause, cancellation clause
clause de sauvegarde *f* safeguard clause

clausé [*connaissement*] dirty
clé RIB (=relevé d'identité bancaire) *f* bank details
clés en main [*usine*] turn-key
client *m* customer, client
client douteux *m* possible bad debt, doubtful debt
client potentiel *m* potential customer
client régulier *m* regular customer
clientèle *f* clientele, customers
clientèle de passage *f* passing trade
clients de passage *mpl* passing trade
clignotants économiques *mpl* economic indicators
clore un compte to close an account
clôture de compte *f* closing of account
clôturer un compte to close an account
CMI (=Comité maritime international) *m* CMI, international maritime committee
CMR (=Convention relative au contrat de transport international de marchandises par route) *f* CMR
coassurance *f* co-insurance
cocontractant *m* contracting partner
code assujetti TVA *m* VAT registration number
code barres *m* bar code
code fournisseur *m* supplier's code
code général des impôts *m* general tax code
code postal *m* postal code, zip code *Am*
code taxe *m* tax code
code d'identification à l'exportation *m* export consignment identifier
codébiteur *m* joint debtor
codétenteur *m* joint holder

coefficient de rotation *m* stock turnover ratio
COFACE (=Compagnie française d'assurance pour le commerce) *f* Export Credit Guarantee Department
colis *m* package, parcel
colis chargé *m* registered and insured parcel
colis postal *m* parcel post
commande *f* order
commande export *f* export order
commande ferme *f* firm order
commande renouvelée *f* repeat order
commande à l'essai *f* trial order
commandement *m* ordering
commander to order
commerçant *m* merchant
commerce *m* trade, commerce; [*fonds de commerce*] business
commerce extérieur *m* foreign trade, overseas trade
commerce intérieur *m* domestic trade
commerce local *m* local trade
commerce maritime *m* maritime trade
commerce d'échange *m* countertrade
commerce d'exportation *m* export trade
commerce d'importation *m* import trade
commerce de détail *m* retail trade
commerce de gros *m* wholesale trade
commercer to trade
commercial commercial, business; [*embargo, tribunal*] trade
commercialisation *f* marketing
commercialiser to market
commettant *m* principal
commis voyageur *m* commercial traveller
commissaire d'avaries *mf* average adjuster
commission *f* commission
commission bancaire *f* bank commission, bank charge
Commission européenne *f* European Commission
commission d'acceptation *f* acceptance fee
commission d'arbitrage *f* arbitration board, arbitration committee
commission d'encaissement *f* collection fee, collection charge
commission d'enquête *f* board of inquiry
commission de change *f* exchange commission
commission de confirmation *f* confirmation fee, confirmation commission; [*pour confirmation crédit*] facility fee
commission de garantie *f* guarantee commission, underwriting commission
commission de paiement *f* collection fee, collection charge
commission de vente *f* sales commission
commissionnaire *mf* agent
commissionnaire agréé en douane *m* authorized customs broker
commissionnaire ducroire *mf* del credere agent
commissionnaire à l'export *mf* export agent
commissionnaire de transport *mf* shipping agent
commissionnaire en douane *mf* customs agent
communautaire Community

Communauté économique européenne

Communauté économique européenne f European Economic Community

communiqué de presse m press release

compagnie f company

compagnie-mère f parent company

compagnie d'assurances f insurance company

compagnie d'aviation f airline

compagnie de navigation f shipping company

compagnie des chemins de fer f railway company

comparatif comparative

compensable à [*traite*] to be cleared at

compensation f clearing

compenser to clear

compétitif competitive

compétitivité f competitiveness

complémentaire additional

compromis de vente m sale agreement, agreement to sell

comptant: au comptant cash

comptant contre documents m cash against documents, CAD

compte m account; *avoir un compte en banque* to have a bank account

compte bancaire m bank account

compte bloqué m frozen account, blocked account, escrow account

compte centralisateur m central account

compte chèque m current account, check account, checking account *Am*

compte chèque postal m post office cheque account

compte courant m current account, cheque account, checking account *Am*

compte courant bancaire m current account with a bank

compte courant postal m current account with the post office, post office current account

compte créditeur m [*à la banque*] account in credit

compte individuel m personal account

compte joint m joint account

compte postal m post office account

compte à découvert m overdrawn account

compte de correspondant m correspondent bank account

compter to count

comptoir d'escompte m discount house

comptoir de vente m sales counter

concentration horizontale f horizontal integration

concentration verticale f vertical integration

concession f concession; [*d'automobiles*] dealership; [*agence*] agency; [*contrat de franchisage*] franchise; *la concession d'un droit de distribution exclusive* the granting of sole agency

concession commerciale f agency

concession de franchise f grant of franchise

concessionnaire mf agent; [*de licence*] licensee; [*d'automobiles*] dealer; [*de brevet*] patentee; [*de contrat de franchisage*] franchisee

concessionnaire export mf export concessionaire

conclure [*accord, contrat*] to enter into

conclure un marché to strike a deal

conclusion d'un contrat *f* signing of a contract
concours bancaire *m* bank borrowings
concurrence *f* competition; ***faire concurrence à*** to compete with
concurrence acharnée *f* cut-throat competition
concurrence déloyale *f* unfair competition
concurrencer to compete with
concurrent *m* competitor
concurrentiel competitive
conditionnement *m* packaging
conditionner to package
conditions avantageuses *fpl* favourable conditions
conditions générales de vente *fpl* general terms and conditions of sale
conditions d'un contrat *fpl* terms and conditions of a contract
conditions de crédit *fpl* credit terms
conditions de livraison *fpl* delivery conditions
conditions de paiement *fpl* terms of payment
conditions de transport *fpl* conditions of carriage, conditions of transport
conditions de vente *fpl* conditions of sale
conducteur de poids lourd *m* heavy goods vehicle driver
conducteur de travaux *m* clerk of the works
conférence *f* meeting; [*grande échelle*] conference
confidentialité *f* confidentiality
confidentiel confidential
confirmation *f* confirmation; ***en confirmation de*** in confirmation of

confirmation de commande *f* confirmation of an order
confirmer to confirm
confiscation *f* confiscation
confisquer to confiscate
conforme à in accordance with
conformer: se conformer à to comply with
conformité: en conformité avec in accordance with
congrès *m* convention
conjointement jointly
conjointement et solidairement jointly and severally
conjoncture *f* economic circumstances
conjoncture économique *f* economic situation
connaissement *m* bill of lading, waybill
connaissement aérien *m* air waybill
connaissement clausé *m* dirty bill
connaissement direct *m* through bill
connaissement embarqué *m* shipped bill
connaissement fluvial *m* inland waterway bill of lading
connaissement maritime *m* marine bill of lading
connaissement net *m* clean bill of lading
connaissement périmé *m* stale bill
connaissement de groupage *m* groupage bill
connaissement de transbordement *m* transshipment bill of lading
connaissement de transport combiné *m* combined transport bill of lading
conseil juridique *m* legal adviser

conseil d'administration

conseil d'administration *m* board of directors
conseil en publicité *m* advertising consultant
conseiller to advise
conseiller juridique *m* legal adviser
conséquence: agir en conséquence to take appropriate action
consignataire *mf* consignee
consignation *f* consignment; *en consignation* on consignment
consigne *f* [*mot d'ordre*] instruction
consigner des marchandises to consign goods
consigner l'emballage to charge a refundable deposit on the packaging
consigner une somme to deposit a sum of money
consommateur *m* consumer
consommation mondiale *f* world consumption
consommation des ménages *f* household consumption
consortium de banques *m* banking consortium
constant: en francs constants in real terms
constat de dommages *m* damages report
constatation de stock *f* stock take
constaté d'avance [*charge*] prepaid
constater [*par écrit*] to record
constructeur *m* manufacturer
consul *m* consul
consul général *m* consul general
consulat *m* consulate
consultant *m* consultant
consulter [*avocat, etc.*] to consult
contact *m* contact
container *m* container
contenance *f* capacity

conteneur *m* container
conteneur-avion *m* airfreight container
conteneurisation *f* containerization
conteneuriser to containerize
contenir to contain
contentieux *m* litigation; [*service*] legal department
contenu *m* contents
contestation *f* dispute
contester to contest
contingent *m* quota
contingentement *m* introduction of quotas
contingenter to establish quotas for
contingents d'importation *mpl* import quotas
contractant *m* contracting party
contracter [*emprunt*] to take out
contracter des dettes to incur debts, to contract debts
contracter des obligations to enter into commitments
contracter une assurance to take out insurance
contraintes de marché *fpl* market constraints
contraire au contrat contrary to the terms of the contract
contrat *m* contract
contrat exclusif *m* sole contract
contrat notarié *m* notarized contract
contrat à terme *m* forward contract
contrat d'achat *m* purchase contract, bill of sale
contrat d'affacturage *m* factoring contract
contrat d'affrètement *m* contract of affreightment
contrat d'assurance *m* insurance contract
contrat de concession *m* licensing

coordination

contract
contrat de distribution *m* distribution contract
contrat de prêt *m* loan agreement
contrat de représentation exclusive *m* sole agency contract
contrat de transport *m* transport agreement
contrat de vente *m* sales contract
contravention *f* [*de loi*] violation
contre-achat *m* counterpurchase
contre-expertise *f* countervaluation, counter-appraisal *Am*
contrefaçon *f* [*d'argent*] forgery; [*d'articles*] fraudulent imitation; *méfiez-vous des contrefaçons* beware of imitations
contre-offre *f* counter-offer
contresigner to countersign
contribuer à to contribute to
contribution *f* contribution
contributions directes *fpl* direct taxation
contributions indirectes *fpl* indirect taxation
contrôle *m* inspection
contrôle bancaire *m* banking controls
contrôle de qualité *m* quality control
contrôle des changes *m* exchange controls
contrôle des prix *m* price controls
contrôler [*vérifier*] to check; [*surveiller*] to monitor
contrôles phytosanitaires *mpl* plant health checks
contrôles sanitaires *mpl* health checks
contrôleur du crédit *m* credit controller
convenir de to agree on
convention *f* agreement

Convention CIM (=Convention internationale concernant le transport des marchandises par chemin de fer) *f* CIM Convention
Convention CMR (=Convention relative au contrat de transport international de marchandises par route) *f* CMR Convention
convention internationale *f* international agreement
convention monétaire *f* monetary agreement
convention verbale *f* verbal agreement
convention d'affrètement *f* contract of affreightment
convention d'exclusivité réciproque *f* mutual exclusivity agreement
convention de Bruxelles *f* Brussels Convention
convention de Varsovie *f* Warsaw Convention
convenu: comme convenu as agreed
conversion de monnaies *f* currency conversion
convertibilité *f* convertibility
convertible convertible
convertir to convert
convoyeur de fonds *m* armed security escort
coopératif co-operative
coopération *f* co-operation
coopérative *f* co-operative
coopérative d'achats *f* wholesale co-operative
coopérative de crédit *f* credit union, co-operative credit society
coopérer to co-operate
coordinateur *m* coordinator
coordination *f* coordination

17

copie authentique *f* certified copy
copie certifiée conforme *f* certified true copy
copie conforme *f* true copy
coposséder to have joint ownership of, to own jointly
copossession *f* joint ownership, co-ownership
copropriétaire *mf* joint owner, co-owner
copropriété *f* joint ownership, co-ownership
corps de métier *m* guild, trade association
correctif d'ajustement monétaire *m* currency adjustment factor
correspondance *f* correspondence
cosignataire *mf* co-signatory
coter [*prix*] to quote
coulage *m* [*fuite*] leakage; [*chapardage*] shrinkage
coulage de stocks *m* stock shrinkage
coupon *m* coupon
coupon-réponse *m* reply coupon
Cour d'Appel *f* Court of Appeal
Cour de Cassation *f* Supreme Court of Appeal
Cour de Justice *f* Court of Justice
courrier *m* mail, post *Br*; [*messager*] courier; *par courrier* by mail
cours *m* price; [*de devises*] rate
cours officiel *m* official rate
cours réel de change *m* real exchange rate
cours spot *m* spot price; [*de devises*] spot rate
cours à terme *m* forward rate
cours à vue *m* spot rate
cours d'ouverture *m* opening rate
cours de clôture *m* closing rate
cours des changes *m* exchange rates
cours du change *m* rate of exchange

cours du marché *m* market rate
coursier *m* courier, biker
court: à court terme short-term
courtage *m* brokerage
courtage officiel *m* official brokerage
courtier *m* broker
courtier maritime *m* ship broker
courtier d'affrètement *m* chartering broker
courtier d'assurances *m* insurance broker
courtier de change *m* exchange broker
courtier de fret *m* freight broker
coût assurance fret *m* cost insurance freight
coût complet unitaire *m* total unit cost
coût différentiel *m* differential cost
coût fixe total *m* total fixed cost
coût moyen unitaire *m* average unit cost
coût préétabli *m* standard cost
coût standard *m* standard cost
coût unitaire *m* unit cost
coût unitaire moyen pondéré *m* weighted average unit cost
coût variable unitaire *m* variable unit cost
coût d'achat *m* purchase cost
coût d'acquisition *m* acquisition cost
coût d'entretien *m* maintenance cost
coût de développement *m* development costs
coût de distribution *m* distribution costs
coût de fonctionnement *m* running cost
coût de fret *m* freight cost
coût de production *m* production cost

coût de revient *m* cost price
coût et fret *m* cost and freight
coûter to cost
coûter cher to be expensive
coûteux expensive
coûts administratifs *mpl* administrative costs
coûts opératoires *mpl* operating costs
coûts prévisionnels *mpl* estimated costs
coûts variables *mpl* variable costs
couvert covered
couverture *f* cover
couverture "risque de fabrication" *f* manufacturer's risk insurance
couverture suffisante *f* adequate cover
couverture à terme *f* term insurance cover
couverture du risque de crédit *f* loan risk cover
couvrir to cover; [*emprunt*] to secure
couvrir un découvert to cover an overdraft
couvrir un déficit to cover a loss
couvrir une perte to cover a loss
craint l'humidité keep dry
créance *f* debt
créance douteuse *f* potential bad debt, doubtful debt
créance impayée *f* unpaid debt, unrecovered debt
créance litigieuse *f* contested debt
créances *fpl* accounts receivable
créances clients *fpl* accounts receivable, trade debtors
créancier *m* creditor
créancier nanti *m* secured creditor
créancier ordinaire *m* ordinary creditor, unsecured creditor
créancier privilégié *m* preferred creditor
création d'entreprise *f* setting up of a business
crédit *m* credit; *à crédit* credit; [*acheter*] on credit; *des crédits supplémentaires* extra finance, additional finance
crédit-acheteur *m* buyer credit
crédit back to back *m* back to back credit
crédit-bail *m* lease
crédit bancaire *m* bank credit; *un crédit bancaire* a bank loan
crédit bloqué *m* frozen credit
crédit confirmé *m* confirmed credit
crédit cumulé *m* cumulative credit
crédit documentaire *m* documentary credit, letter of credit
crédit documentaire irrévocable *m* irrevocable letter of credit
crédit documentaire renouvelable *m* revolving letter of credit
crédit documentaire révocable *m* revocable letter of credit
crédit dos à dos *m* back to back credit
crédit foncier *m* *equivalent to* building society
crédit-fournisseur *m* supplier credit
crédit immobilier *m* mortgage
crédit personnel *m* personal loan
crédit "red clause" *m* red clause credit
crédit revolving *m* revolving (letter of) credit
crédit transférable *m* transferable letter of credit
crédit utilisable à vue *m* sight letter of credit
crédit (à) court terme *m* short-term credit

crédit (à) long terme

crédit (à) long terme *m* long-term credit
crédit (à) moyen terme *m* medium-term credit
crédit à la consommation *m* consumer credit
crédit au consommateur *m* consumer credit
crédit de droits *m* delay in payment of indirect taxes
crédit de TVA *m* VAT credit
crédit en compte courant *m* current account credit
crédité de [*compte*] credited with
créditer to credit
créditeur [*solde, etc.*] credit; [*concernant créditeurs*] creditor; *être créditeur* to be in credit
créer un chèque to write a cheque
créer un effet de commerce to draw up a commercial bill
créer une entreprise to set up a business
créneau *m* niche
créneau visé *m* target market
crise financière *f* financial crisis
crise monétaire *f* monetary crisis
crise de l'énergie *f* energy crisis
croissance économique *f* economic growth
croissance zéro *f* zero growth
croissant growing, increasing
CSC (=Convention internationale sur la sécurité des conteneurs) *f* CSC, international convention on container security
cubage *m* cubic measurement
cube *m* cubic capacity
cycle économique *m* economic cycle

D

D/A (=documents contre acceptation) d/a
dangereux dangerous, hazardous
DAS (=déclaration d'autorisation de sortie) *f* export licence
date *f* date; *à date fixe* on a fixed date; *en date de ce jour* dated this day; *votre lettre en date du* your letter of, your letter dated
date contractuelle *f* contractual date
date limite *f* deadline
date limite de consommation *f* best before date
date d'achèvement *f* completion date, date of completion
date d'échéance *f* [*de dû*] maturity

déclaré

date; [*de terme*] expiry date
date d'émission *f* date of issue
date d'envoi *f* date of dispatch
date d'expédition *f* dispatch date
date d'expiration *f* expiry date
date de départ *f* departure date
date de facturation *f* date of invoice, invoice date
dater to date; *lettre datée du* letter dated the; *à dater de ce jour* from today
dation en paiement *f* payment in kind
DAU (=document administratif unique) *m* unique data folder
DE (=déclaration d'exportation) *f* export declaration
déballage de marchandises *m* unpacking of goods
déballer des marchandises to unpack goods
débarquement *m* unloading, offloading
débarquer des marchandises to unload goods, to offload goods
débattre d'un prix to discuss a price
débit *m* debit; *au débit de* to the debit of
débiter to debit
débiter un compte to debit an account
débiter un compte d'une somme to debit a sum to an account
débiteur *m* debtor
débiteur [*solde*] debit
déblocage des prix *m* unfreezing of prices
débloquer des fonds to release funds, to make funds available
débouché *m* outlet, market
déboursement *m* disbursement
débourser to pay

décaissable [*charge*] payable
décaissement *m* cash withdrawal
décaisser [*TVA*] to pay; [*argent*] to pay, to pay out
décalage horaire *m* time difference
décentralisation *f* decentralization
décentraliser to decentralize
déchargement *m* unloading, offloading
décharger to unload, to offload
déchéance *f* [*de droits*] forfeiture; *tomber en déchéance* to lapse
décider qch to decide on sth
décideur *m* decision-maker
décision arbitrale *f* arbitration ruling, decision by arbitration
décision de justice *f* court ruling
déclarant de TVA *m* VAT-registered person
déclaration *f* [*écrite*] return
déclaration d'entrée *f* declaration inwards, clearance inwards
déclaration d'exportation *f* export declaration
déclaration d'importation *f* import declaration
déclaration de créance impayée *f* statement of claim for an unpaid debt
déclaration de sinistre *f* damage report; [*reclamation*] notice of claim, insurance claim
déclaration de sortie *f* declaration outwards, clearance outwards
déclaration de transit *f* declaration of goods in transit
déclaration de TVA *f* VAT return
déclaration de valeur *f* declaration of value
déclaration en douane *f* customs declaration
déclaré declared

déclarer

déclarer to declare
déclarer une entreprise en faillite to declare a business bankrupt
décompte *m* count; [*calcul*] calculation
décompte d'une somme *m* deduction of a sum
décompter [*somme*] to deduct
déconsignation *f* deconsignment
décote de TVA *f* VAT rebate
découvert: à découvert overdrawn; *avoir un découvert* to be overdrawn
découvert bancaire *m* bank overdraft
découvert d'un compte *m* overdraft
décréter un moratoire to declare a moratorium
dédit *m* forfeit
dédommagement *m* compensation
dédommager to compensate; *être dédommagé de* to be compensated for
dédouané cleared through customs
dédouanement *m* customs clearance
dédouaner qch to clear sth through customs
déductibilité *f* deductibility
déductible deductible
déductible des impôts tax deductible
déduction *f* deduction
déduction fiscale *f* tax allowance
déduire to deduct
défaillance *f* fault; [*d'un acheteur*] default
défaillance d'entreprise *f* business failure
défaillant defaulting
défaire un marché to cancel a deal
défalcation *f* deduction
défalquer une somme to deduct a sum of money

défaut *m* defect
défaut de livraison *m* default on delivery
défaut de paiement *m* default on payment
défauts apparents *mpl* visible defects
défauts cachés *mpl* hidden defects
défauts de fabrication *mpl* manufacturing defects
défavorable unfavourable
défectueux defective
déficeler to untie
déficit *m* deficit
déficitaire loss-making
déflation *f* deflation
déflationniste deflationary
défraîchi [*articles*] shop-soiled
dégager des crédits to make credit available
dégâts *mpl* damage
dégâts causés par le feu *mpl* fire damage
dégâts causés par une tempête *mpl* storm damage
dégâts matériels *mpl* material damage
dégâts des eaux *mpl* water damage
dégeler [*crédits*] to unfreeze
dégonflement *m* cutback
dégonfler des stocks to reduce stocks
degré *m* degree
dégrèvement *m* tax relief
dégrèvement fiscal *m* tax relief
dégringolade des prix *f* slump in prices
dégringoler to slump
dégroupage *m* deconsolidation
délai *m* period; [*date limite*] deadline; *dans un délai de* within; *dans les délais* within the time limit; *dans*

deniers publics

les plus brefs délais as soon as possible; *dernier délai* deadline
délai garanti de livraison *m* guaranteed delivery period
délai d'attente *m* waiting period
délai d'embarquement *m* loading time
délai d'exécution *m* deadline
délai d'un jour franc *m* one clear day, one whole day
délai de chargement *m* loading time
délai de crédit *m* credit period
délai de garantie *m* guarantee period, term of guarantee
délai de grâce *m* days of grace
délai de livraison *m* delivery time, lead time
délai de paiement *m* credit period, payment term
délai de réclamation *m* deadline for submitting claims
délai de règlement *m* settlement period
délai de rigueur *m* strict deadline; *délai de rigueur :* at the latest:
délai de validité *m* period of validity
délais légaux *mpl* legal time limit
délais de paiement *mpl* payment schedule
délaisser à l'assureur to abandon to the insurer
délégation *f* delegation
délégué *m* delegate
délivrance d'un certificat *f* issue of a certificate
délivrer to issue; [*marchandises*] to deliver
délocaliser to shift, to relocate
DEM (=deutsche Mark) DM
demande *f* [*offre et demande*] demand; *sur demande* on request; *à la demande de* at the request of
demande croissante *f* increasing demand
demande d'accord de paiement *f* payment demand, request for payment
demande d'ouverture de crédit *f* loan application, credit application
demande d'ouverture de crédit documentaire *f* documentary credit application
demande de délai de paiement *f* request for extended payment terms
demande de paiement *f* payment demand, request for payment
demande de règlement *f* payment demand, request for payment
demande de renseignements *f* enquiry, request for information
demande en dommages-intérêts *f* claim for damages
demander to ask for; [*paiement*] to request, to demand; [*dédommagements*] to claim
démarchage *m* canvassing
démarche collective *f* joint representations
démarcher un client to canvass a client
démarcheur *m* canvasser
démarcheur en publicité *m* advertisement canvasser
démarque *f* marking down
démarqué marked down
démarrage *m* [*d'entreprise*] start-up
demi-gros *m* retail wholesale
demi-tarif *m* half-price
démonstrateur *m* demonstrator
démonstration *f* demonstration
deniers *mpl* money, monies
deniers publics *mpl* public funds, public money

dénomination commerciale

dénomination commerciale *f* trade name

dénomination sociale *f* company name

dénommé: ci-après dénommé hereinafter referred to as

dénoncer un contrat to terminate a contract, to cancel a contract

denrées alimentaires *fpl* food products

denrées périssables *fpl* perishable goods

dépaqueter to unpack

départ entrepôt ex warehouse

départ usine ex works

département *m* department

dépassement de coût *m* cost overrun

dépasser to exceed

dépasser la date limite to miss the deadline

dépasser un crédit to exceed a credit limit

dépenser to spend

dépenses *fpl* [*débours*] expenditure

dépenses courantes *fpl* current expenditure(s)

dépenses extraordinaires *fpl* extraordinary expenses

dépenses publicitaires *fpl* advertising expenditure

dépenses d'exploitation *fpl* operating costs

dépenses de caisse *fpl* cash expenditure

dépenses de fonctionnement *fpl* operating costs

déplafonner un crédit to raise the ceiling on a credit, to raise a credit limit

déposant *m* depositor

déposer to deposit

déposer une caution to lodge security, to deposit security

déposer une marque to register a trademark

déposer une plainte to lodge a complaint

déposer une réclamation to make a claim

dépositaire *mf* consignee

dépôt *m* [*d'argent*] deposit; [*de marchandises*] warehousing; [*bâtiment*] warehouse

dépôt d'espèces *m* cash deposit

dépôt d'expédition *m* sending depot

dépôt de bilan *m* petition in bankruptcy

dépôt de fret *m* freight depot

dépôt de garantie *m* security deposit

dépôt de marque *m* trade mark registration

dépôt de réception *m* receiving depot

dépôt pour conteneurs *m* container depot

dépression *f* depression

déprimer [*prix*] to lower

DEPS (=dernier entré, premier sorti) LIFO

dépt (=département) dept

DEQ DEQ, delivered ex quay

dérapage des prix *m* spiralling prices

déraper [*prix*] to soar, to rise sharply

dérisoire [*prix*] very low, rock-bottom

dernier délai *m* deadline

dernier rappel *m* final reminder

dernière proposition *f* final offer

dérogation *f* exception; *dérogation à* departure from, exception to

déroutage de marchandises *m* rerouting of goods

déroutement *m* rerouting

dérouter to reroute
DES DES, delivered ex ship
désapprovisionné [*compte*] overdrawn
désarrimage *m* [*de cargaison*] unloading, offloading
désarrimer [*cargaison*] to unload, to offload
désignation *f* description
désignation des marchandises *f* description of goods
désignation du contenu *f* description of contents
dessous-de-table *m* backhander
destinataire *mf* [*de document*] addressee; [*de livraison*] consignee
destination *f* destination
destiné à [*lettre*] addressed to; [*marchandises*] being sent to
déstockage *m* destocking, reduction in stocks
déstocker des marchandises to destock goods, to reduce stocks
détail *m* retail
détaillant *m* retailer
détaillé itemized
détailler to itemize
détaxe *f* refund of duty
détaxer des marchandises to take the duty off goods
détenir en garantie to hold as security
détenir un effet sur qn to hold sb's commercial bill
détenteur *m* holder
détérioré en cours de transport damaged in transit
détériorer [*marchandises*] to spoil
détermination des prix *f* price setting
déterminer le poids to determine the weight

dette *f* debt
devancer ses concurrents to be ahead of the competition
déviation *f* diversion
devis *m* estimate, quote
devis estimatif *m* estimate
devise *f* currency
devise convertible *f* convertible currency
devise forte *f* strong currency
devise-titre *f* foreign security exchange currency
devise non convertible *f* non-convertible currency
devises étrangères *fpl* foreign currency
devoir to owe
devoir de l'argent to owe money
DI (=déclaration d'importation) *f* import declaration
différé deferred
différence de cours *f* rate differential
différence de prix *f* price difference, price differential
différentiel differential
différer de prix to differ in price
différer le paiement to defer payment
diffuser [*brochures*] to distribute
diffusion *f* distribution
dimension *f* size
dimensions *fpl* [*de machine, etc.*] dimensions, measurements
diminuer les prix to lower prices
diminution *f* decrease
diminution des bénéfices *f* drop in profits, decrease in profits
diminution des dépenses *f* cutting down of expenses
direct direct
directeur *m* manager; [*plus haut dans hiérarchie*] director

directeur commercial

directeur commercial *m* commercial manager; [*en chef*] commercial director
directeur export *m* export manager; [*en chef*] export director
directeur général *m* [*d'entreprise*] chief executive officer
directeur régional *m* regional manager, area manager; [*en chef*] regional director, area director
directeur de marketing *m* marketing manager; [*en chef*] marketing director
directeur de production *m* production manager; [*en chef*] production director
directeur de produit *m* brand manager, product manager
directeur de succursale *m* branch manager
directeur des ventes *m* sales manager; [*en chef*] sales director
directeur des ventes export *m* export sales manager; [*en chef*] export sales director
direction commerciale *f* sales management
direction mercatique *f* marketing (department)
direction de la production *f* production control, production management
directive *f* instruction; [*de gouvernement, CEE*] directive
directive européenne *f* EC directive
disponibilité *f* availability
disponible available
disposer d'une somme to have a sum of money at one's disposal
disposer un chèque sur to draw a cheque on
disposition *f* [*légal*] provision
disposition fiscale *f* tax provision
disposition à vue *f* sight clause
distribuer to distribute
distributeur *m* distributor
distributeur agréé *m* authorized distributor, authorized dealer
distribution *f* distribution
diversification *f* diversification
diversifier to diversify
dock entrepôt *m* dock-warehouse
dock frigorifique *m* cold storage dock
docker *m* docker
docks *mpl* docks
document *m* document
Document Administratif Unique *m* unique data folder
document commercial *m* commercial document
document légal *m* legal document
document publicitaire *m* publicity document
document transmissible *m* transferable document
document-type *m* standard document
document d'assurance *m* insurance document
document d'expédition *m* shipping document
document d'offre *m* tender document
document de transport *m* transport document
document de transport combiné *m* combined transport document
documentation *f* documentation
documents commerciaux *mpl* commercial documents, business documents
documents douaniers *mpl* customs documentation

documents maritimes *mpl* shipping documents
documents contre acceptation documents against acceptance
documents contre paiement documents against payment
documents d'embarquement *mpl* shipping documents
documents d'expédition *mpl* shipping documents
dollar-titre *m* dollar security
dollars constants *mpl* dollars in real terms
dollars courants *mpl* actual dollars
domicile *m* domicile
domiciliataire *m* [*d'effet*] paying agent; [*de chèque*] paying bank
domiciliation *f* domiciliation
domiciliation bancaire *f* paying bank
domiciliation d'effets de commerce *f* paying agent for commercial bills
domicilié domiciled
domicilier to domicile
domicilier des acceptations to domicile acceptances
dommage causé à un tiers *m* damage caused to a third party
dommage corporel *m* physical injury
dommage matériel *m* damage to property
dommages-intérêts *mpl* damages
dommages-intérêts compensatoires *mpl* compensation
dommages punitifs *mpl* punitive damages
donneur d'aval *m* guarantor
donneur d'ordre *m* principal
dos d'un effet *m* back of a bill
dossier offre *m* tender documents

dossier d'appel d'offres *m* tender documents
dossier de domiciliation *m* domiciliation papers, domiciliation file
dossier de douane *m* customs papers, customs file
dossier de lancement *m* product launch file
douane *f* customs
douanier *m* customs officer
douanier *adj* customs
double *m* duplicate
double: en double exemplaire in duplicate
doubler to double
D/P (=documents contre paiement) d/p
DRCE (=Direction régionale du commerce extérieur) *f* foreign trade division of DREE
DRD (=Directions régionales des douanes) *fpl* regional customs offices
DREE (=Direction des relations économiques extérieures) *f* foreign trade policy-making arm of the French Finance Department
dresser to draw up
droit *m* law; [*imposition*] duty; [*prérogative*] right; [*taxe*] tax
droit cambiaire *m* exchange law
droit civil *m* civil law
droit commercial *m* commercial law
droit communautaire *m* Community law
droit douanier *m* customs legislation
droit d'admission *m* [*prérogative*] right of entry; [*imposition*] import duty
droit d'entrée *m* [*prérogative*] right of entry; [*imposition*] import duty

droit de brevet

droit de brevet *m* patent law
droit de courtage *m* brokerage (fee)
droit de marque *m* trademark law
droit de timbre *m* stamp duty
droit des contrats *m* law of contract
droits acquittés *mpl* duty paid
droits exclusifs *mpl* sole rights
droits ad valorem *mpl* ad valorem duty
droits d'enregistrement *mpl* registration fees
droits d'entrée *mpl* import duty
droits de distribution *mpl* distribution rights
droits de douane *mpl* customs duties, duty
droits de magasinage *mpl* warehousing charges
droits de port *mpl* harbour dues
droits de sortie *mpl* export duty
droits de transit *mpl* transit charges
dû due, owing
ducroire *m* del credere
dûment duly
dumping *m* dumping
duplicata *m* duplicate
durée *f* duration; [*de contrat*] term
durée d'usage *f* [*de produit*] useful life
durée de crédit *f* term of loan
durée de validité *f* period of validity

E

eaux internationales *fpl* international waters
écart de prix *m* price differential
échange *m* exchange
échange intracommunautaire *m* intra-Community trade
échange de lettres *m* exchange of letters
échange de marchandises *m* exchange of goods
échangeable exchangeable
échanger des lettres to exchange letters
échanges commerciaux *mpl* trade
échanges internationaux *mpl* international trade
échantillon *m* sample; ***non conforme à l'échantillon*** not up to sample
échantillon gratuit *m* free sample
échantillonnage *m* sampling
échantillonner to sample, to prepare samples of
échappatoire fiscale *f* tax loophole
échapper à l'impôt to avoid tax

échapper à la faillite to avoid bankruptcy
échéance *f* [*de lettre de change*] maturity
échéance emprunt *f* loan maturity
échéance de contrat *f* expiry date of a contract
échéance de police *f* maturity of a policy
échéances de fin de mois *fpl* end-of-month payments
échéancier de paiement *m* payment schedule
échec des négociations *m* breakdown of negotiations
échelonner des livraisons to spread out deliveries
échelonner des paiements to stagger payments, to spread out payments
école de commerce *f* business school
économie *f* economy
économie libérale *f* open market economy
économie de marché *f* market economy
économique economic
économiser to save
écoulement d'un produit *m* sale of a product
écoulement de stocks *m* disposal of stock, sale of stock
écouler to sell
écouler à perte to sell at a loss
écouler des marchandises to sell off goods
écrit *m* written document; *par écrit* in writing
effectuer des démarches to take steps
effectuer un paiement to make a payment

effet *m* bill of exchange
effet clausé *m* claused bill
effet domicilié *m* domiciled bill
effet endossé *m* endorsed bill
effet escompté *m* discounted bill
effet libre *m* clean bill
effet à courte échéance *m* short, short-dated bill
effet à date fixe *m* fixed-term bill
effet à longue échéance *m* long, long-dated bill
effet à vue *m* sight bill
effet à l'encaissement *m* bill for collection
effet au porteur *m* bill made out to bearer, bearer bill
effet de commerce *m* bill, commercial bill
effets à ordre *mpl* promissory notes
effets à payer *mpl* bills payable
effets à recevoir *mpl* bills receivable
effets de commerce *mpl* commercial paper
effondrement *m* [*de cours, marché*] collapse
s'effondrer [*cours, marché*] to collapse
égarer to lose
élaborer to draw up
élasticité de l'offre *f* elasticity of supply
élasticité de la demande *f* elasticity of demand
élévation du prix d'un produit *f* rise in the price of a product
élever les prix to raise prices
emballage *m* packaging, packing; [*unité*] pack
emballage consigné *m* returnable packaging, refundable packaging
emballage défectueux *m* faulty packaging

emballage insuffisant

emballage insuffisant *m* inadequate packaging
emballage perdu *m* non-refundable packaging, throwaway packaging, disposable packaging
emballage plastique *m* plastic packaging
emballage récupérable *m* recoverable packaging
emballage d'origine *m* original packaging
emballages consignés *mpl* returnable packaging, refundable packaging
emballé sous vide vacuum-packed
emballer to pack, to package
emballeur *m* packer
embarcadère *m* landing stage
embargo *m* embargo
embarquement *m* loading
embarquer to load
émetteur d'une traite *m* issuer of a draft
émettre to issue
émettre une lettre de crédit to open a letter of credit
émeute *f* riot
émission *f* issue
emmagasinage *m* storage, warehousing
emmagasiner to store, to warehouse
empaquetage *m* packing
empaqueter to package
emprunt *m* loan
emprunt garanti *m* secured loan
emprunt à terme *m* term loan
emprunt en devises *m* currency loan
emprunter to borrow
emprunter qch à qn to borrow sth from sb
emprunter sur [*police, titres*] to borrow against

emprunteur *m* borrower
encadrement du crédit *m* credit restriction, credit squeeze
encaissable cashable
encaisse *f* cash in till
encaissement *m* collection; [*de chèque*] paying in, encashment *Br*; *présenter un chèque à l'encaissement* to present a cheque for payment
encaisser [*chèque*] to cash, to encash *Br*
encaisser de l'argent to receive money; [*mettre sur son compte*] to pay in cash
encaisser des marchandises to pack goods
enchérir sur le prix des marchandises to bid up the price of goods
enchérissement de qch *m* increase in the price of sth
encombrant bulky
encombré [*marché*] glutted
encombrement du marché *m* glut of goods on the market
encourir des frais to incur expenses
encourir des risques to run risks
encours *m* exposure
encours de crédit *m* exposure
endetté in debt
endettement *m* indebtedness, gearing
s'endetter to get into debt
endommagé damaged
endommagement *m* damage
endommager to damage
endos *m* [*endossement*] endorsement
endossable endorsable
endossataire *mf* endorsee
endossement *m* endorsement
endosser to endorse
endosseur *m* endorser

enfreindre un contrat to violate a contract

engagement: sans aucun engagement de votre part without any commitment on your part

engagement écrit *m* written undertaking

engager des capitaux to invest capital

engager des négociations to enter into negotiations

enlèvement de marchandises *m* collection of goods

enlèvement et livraison *m* collection and delivery

enlever to collect

énoncé d'une clause *m* wording of a clause

enquête *f* [*pour déterminer les faits*] investigation; [*pour recueillir les avis*] survey

enquête de prix *f* price survey

enregistrement *m* entering, recording, logging

enregistrer to enter, to record, to log

entamer des négociations to open negotiations

entamer des poursuites to take legal proceedings

entente *f* agreement

entente sur les prix *f* price agreement

entériner [*accord*] to ratify

entraîner des dépenses to involve expenditure

entrée des fournisseurs *f* tradesmen's entrance

entrée en douane *f* inward customs clearance

entreposage *m* storage, warehousing; [*avant douane*] bonded warehousing, bonding

entreposage à l'exportation *m* warehousing of export goods

entreposage à l'importation *m* warehousing of import goods

entreposer des marchandises to warehouse goods, to put goods in a warehouse; [*avant douane*] to bond goods

entrepositaire *mf* bonder; [*employé*] warehouseman

entrepôt *m* warehouse

entrepôt frigorifique *m* cold store

entrepôt privé *m* private bonded warehouse

entrepôt public *m* public bonded warehouse

entrepôt de douane *m* bonded warehouse

entrepôt de stockage *m* warehouse

entrepreneur *m* entrepreneur

entrepreneur de transport combiné *m* combined transport company

entreprise *f* business

entreprise commerciale *f* business enterprise

entreprise commune *f* joint venture

entreprise exportatrice *f* export company

entreprise familiale *f* family business

entreprise industrielle *f* manufacturing concern, manufacturing company

entreprise prestataire de services *f* service company

entreprise privée *f* private company

entreprise publique *f* public company

entreprise de service *f* service company

entreprise de transport

entreprise de transport *f* transport company
entreprise en participation *f* joint venture
entrer des marchandises to bring in goods
entrer en liquidation to go into liquidation
envelopper to wrap up
environnement commercial *m* business environment
envoi *m* consignment, shipment; [*action*] shipment, dispatch; [*de télex*] sending
envoi exprès *m* express delivery
envoi groupé *m* grouped consignment
envoi recommandé *m* recorded delivery
envoi contre paiement *m* cash with order
envoi de fonds *m* remittance of funds
envoyer to send; [*marchandises*] to ship, to dispatch, to send
envoyer par courrier to mail, to post *Br*
envoyer par fax to fax
envoyer un télex à qn to telex sb
envoyeur *m* sender
épuisé [*article*] out of stock
épuisement des réserves *m* depletion of reserves
épuiser [*lettre de crédit*] to use up
épuiser des stocks to run low on stocks
équilibrer to balance
équipe commerciale *f* marketing team
équipe de vente *f* sales team, sales force
équipement industriel *m* industrial plant

escomptable discountable
escompte *m* discount
escompte commercial *m* trade discount
escompte à forfait *m* forfaiting
escompte de caisse *m* cash discount
escompte de règlement *m* discount for early payment
escompte sur achat en gros *m* quantity discount
escompter to discount
espace cargo *m* cargo space
espace publicitaire *m* advertising space
espèces *fpl* cash
espèces en caisse *fpl* cash on hand
espionnage industriel *m* industrial espionage
essai *m* trial, test; **à l'essai** on approval, on a trial basis
essayer un nouveau produit to test a new product
essor économique *m* economic expansion
estampillé stamped
estimation des frais *f* estimation of costs
estimation du dommage *f* assessment of the damage
estimer to estimate
établir un chèque to make out a cheque, to write a cheque
établir un chèque à l'ordre de to make a cheque payable to
établir un prix to set a price
établir une facture to draw up an invoice
établissement bancaire *m* bank
établissement payeur *m* paying bank
établissement d'un compte *m* opening of an account, setting up an account

établissement de crédit m credit institution
établissement du prix de revient m calculation of the cost price
état m state; [*statistique*] report
état membre m member state
état TVA m VAT statement
état de caisse m cash statement
état de situation m status report, state-of-play report
état du marché m state of the market
ETC (=entrepreneur de transport combiné) m combined transport company
étiquetage m labelling
étiqueter to label
étiquette f label
étiquette porte-prix f price label
étiquette d'adresse f address label
étranger foreign; *à l'étranger* abroad
étroitesse du marché f limited market
Ets (=établissements): Ets Lavency Lavency
étude f study
étude comparative f comparative study
étude de débouchés f retail distribution study
étude de faisabilité f feasibility study
étude de marché f market research; *une étude de marché* a market study
étude des besoins f needs study
études de marché fpl market research studies
étudier to study
étudier un projet to analyse a project
eurochèque m eurocheque
eurodevise f eurocurrency
eurodollar m eurodollar
eurofranc m eurofranc
évaluation f valuation
évaluation du coût f cost assessment
évaluer to evaluate, to assess
évaluer les dégâts to assess the damage
éventail de produits m range of products
ex navire ex ship
examen m examination
examiner to examine
excédent m surplus
excéder to exceed
exclusivité d'un produit f exclusive rights on a product
exécuter to carry out
exécuter un contrat to execute a contract, to perform a contract
exécuter une commande to fulfil an order
exécution f [*d'un contrat*] execution
exemplaire m copy; *en deux exemplaires* in duplicate
exemplaire d'un contrat m copy of a contract
exempt d'impôts tax exempt
exempt de droits de douane non-dutiable
exempter d'impôts to exempt from tax
exemption d'impôts f tax exemption
exercice m [*d'un droit*] exercise; [*comptabilité*] financial year, fiscal year *Am*
exiger to demand
exigible payable
existence en magasin f stock in hand
exonération fiscale f tax exemption
exonération d'impôts f tax exemption
exonération de responsabilité f exemption from liability

exonération de TVA

exonération de TVA *f* exemption from VAT, zero-rating
exonéré de exempt from
exonéré de TVA zero-rated
exonérer to exempt
exonérer d'impôt to exempt from tax
expatrié [*réseau de vente, etc.*] overseas
expédier to dispatch, to ship, to send
expédier par fret aérien to airfreight
expéditeur *m* sender; [*de gros colis, etc.*] shipper; [*sur formulaire*] from:
expédition *f* shipment
expédition exclusive *f* exclusive shipment
expédition maritime *f* maritime shipment
expédition partielle *f* part shipment, part consignment
expédition port à port *f* port to port shipment
expédition de détail *f* retail shipment
expédition de marchandises *f* shipment of goods, consignment of goods
expédition en ULD *f* ULD shipment
expédition par avion *f* airfreighting
expédition par bateau *f* shipping
expédition par chemin de fer *f* sending by rail, railfreighting
expédition par la poste *f* mailing
expéditions *fpl* [*service*] dispatch (department), shipping (department)
expertise *f* valuation
expertiser to value
expiration *f* expiry
expirer to expire
explicite explicit
exploitant *m* operator; *les risques courus par l'exploitant* the risks taken by the person running the business
exploitation *f* operation
exploitation commerciale *f* business concern
exploitation industrielle *f* industrial concern
exploiter [*commerce*] to operate, to run
export export
exportable exportable
exportateur *m* exporter
exportateur [*pays*] exporting
exportation *f* export
exportation kangourou *f* piggybacking
exporter to export
exposant *m* exhibitor
exposer des produits to display products
exposition *f* exhibition
exposition commerciale *f* trade fair
extension *f* [*d'un contrat*] extension
extension du commerce *f* business expansion
externe outside, external
extrait de compte *m* bank statement

F

FAB (=franco à bord) FOB
fabricant *m* manufacturer
fabrication *f* manufacture; *de fabrication française* made in France
fabrication en série *f* mass production
fabrique *f* [*usine*] factory
fabriquer to manufacture
face: faire face à la demande to meet demand
facilité d'écoulement *f* [*d'un produit*] saleability
facilités de paiement *fpl* payment facilities, easy terms
factage *m* [*de marchandises*] carriage
facteur *m* factor
facteur coût *m* cost factor
facteurs de la production *mpl* production factors
facturation *f* invoicing, billing
facture *f* invoice, bill; *à payer à reception de la facture* payable against invoice
facture certifiée *f* certified invoice
facture commerciale *f* commercial invoice
facture consulaire *f* consular invoice
facture détaillée *f* itemized invoice
facture douanière *f* customs invoice
facture originale *f* original invoice
facture provisoire *f* pro forma invoice
facture rectificative *f* amended invoice
facture à l'exportation *f* export invoice
facture d'achat *f* purchase invoice
facture d'avoir *f* credit note
facture de débit *f* debit note
facture de doit *f* debit note
facture de transitaire *f* forwarding agent's invoice
facture de vente *f* sales invoice
facture pro forma *f* pro forma invoice
facturer to invoice for
facturer qch à qn to invoice sb for sth
facultés assurées *fpl* insured cargo
failli *m* bankrupt
faillite *f* bankruptcy; *faire faillite* to go bankrupt; *être en faillite* to be bankrupt
faire crédit to give credit
faire des affaires to do business
faire des frais to incur expenses
faire du commerce to trade
faire un prix to quote a price
faire une réduction de 12% to give 12% off
fait en double exemplaire duplicate
FAP (=franc d'avarie particulière) free of particular average
FAS FAS, free alongside ship
faussaire *mf* counterfeiter

fausse facture *f* false invoice
faute de provision for lack of funds
faux chèque *m* forged cheque
faux frais *mpl* incidental expenses
fax *m* fax
faxer to fax
FCL FCL, full container load
FCL-FCL FCL-FCL, full container load-full container load
FCL-LCL FCL-LCL, full container load-less than container load
ferme firm
fermeté des prix *f* steadiness of prices
fermeture *f* closing
ferroviaire rail, railway
feuille de route *f* waybill
feuille de route type CEE *f* standard EC waybill
FFCAT (=Fédération française des commissionnaires et auxiliaires) *f* French forwarding agents association
ficeler [*paquet*] to tie up
ficelle *f* string
fiche client *f* customer record
fiche de stock *f* stock sheet
fidéliser la clientèle to create customer loyalty
fidélité à une marque *f* brand loyalty
filiale *f* subsidiary
filiale de distribution *f* marketing subsidiary
filiale de production *f* production subsidiary
filiale de vente *f* sales subsidiary
film *m*: **sous film plastique** shrink-wrapped
fin de série *f* discontinued line
finance *f* finance
financement *m* financing, funding
financement à court terme *m* short-term financing
financement à long terme *m* long-term financing
financement à moyen terme *m* medium-term financing
financement des exportations *m* export financing
financer to finance, to fund
financier financial
financièrement financially
firme *f* firm, business
fisc *m* tax man, Inland Revenue, Internal Revenue *Am*
fixation des prix *f* price setting
fixe fixed
fixer les conditions d'un contrat to stipulate the terms of a contract
fixer un plafond to set a ceiling
fixer un prix to set a price
fixer une date to set a date
flambée des prix *f* price escalation
flamber [*prix*] to escalate
fléchissement des prix *m* fall in prices
flotte marchande *f* merchant marine
FLQ (=franco long du quai) FAS
fluctuation *f* fluctuation
fluctuation des cours *f* price fluctuations; [*du cours de change*] exchange rate fluctuations
fluctuation des prix *f* price fluctuation
fluctuer to fluctuate
flux de trésorerie *m* cashflow
FMI (=Fonds monétaire international) *m* IMF
FOB port d'embarquement FOB port of embarkation
foire commerciale *f* trade fair
foire-exposition *f* trade exhibition
foire internationale *f* international fair, international trade fair

foire professionnelle *f* trade fair
fondation d'une entreprise *f* setting up of a business
fonder [*entreprise*] to set up
fonds commercial *m* goodwill
Fonds monétaire international *m* International Monetary Fund
fonds publics *mpl* government funds
fonds de commerce *m* goodwill; [*boutique, etc.*] business
fonds de roulement *m* working capital
force majeure *f* force majeure, act of God; *un cas de force majeure* an act of God
force de vente *f* sales force
forcé forced
forfait *m* lump sum
forfait de port carriage forward
forfaitage *m* forfaiting
forfaitaire in one amount, lump sum
forfaitairement in one amount, in a lump sum
formalité *f* formality
formalités douanières *fpl* customs formalities
formulaire *m* form
formule de soumission *f* tender form
forte hausse *f* sharp rise
forte somme *f* large sum of money
fortune de mer *f* perils of the sea
fourchette de prix *f* price range
fourgon *m* van
fournir to supply, to provide
fournir une caution to give a guarantee, to provide security
fournir une couverture to provide cover
fournisseur *m* supplier
fourniture *f* supply
fournitures *fpl* supplies

fournitures consommables *fpl* consumable supplies
fragile fragile
frais *mpl* expenses, costs
frais accessoires *mpl* incidental expenses, incidental costs
frais consulaires *mpl* consular fees
frais généraux *mpl* overheads, overhead *Am*
frais inclus inclusive of costs
frais portuaires *mpl* port charges
frais d'achat *mpl* purchase costs
frais d'administration générale *mpl* general overheads, general overhead *Am*
frais d'emballage *mpl* packing costs
frais d'entreposage *mpl* storage costs
frais d'entretien *mpl* maintenance costs
frais d'établissement *mpl* startup costs
frais d'expédition *mpl* delivery charges
frais d'exploitation *mpl* operating costs
frais de banque *mpl* bank charges
frais de camionnage *mpl* haulage
frais de chargement *mpl* shipping costs
frais de commission *mpl* commission costs
frais de constitution *mpl* [*de société*] startup costs
frais de crédit documentaire *mpl* documentary charges
frais de débarquement et de port *mpl* landing and port charges
frais de déplacement *mpl* travel expenses
frais de douane *mpl* customs duties

frais de fabrication *mpl* manufacturing costs, production costs
frais de manutention *mpl* handling charges
frais de port *mpl* carriage
frais de transport *mpl* transport charges, freight
frais de voyage *mpl* travel expenses
franc or *m* gold value of the franc
franc d'avarie particulière free of particular average
franc d'impôts tax free, free of tax
franc de casse free of breakage
franc de toute avarie free of average
franchisage *m* franchising
franchise *f* franchise; *en franchise de TVA* zero-rated, free of VAT; *en franchise postale* postage paid
franchise douanière *f* exemption from customs duty
franchise de TVA *f* zero-rating, VAT exemption
franchisé *m* franchisee, franchise holder
franchisé franchised
franchiseur *m* franchisor
franco: être fait franco (bord) to be free on board
franco frontière free at frontier
franco gare de réception free on rail
franco long du bord free alongside ship
franco long du quai free alongside ship
franco rendu free at
franco rendu point de destination free destination
franco transporteur free carrier
franco wagon free on rail
franco à bord free on board
franco d'emballage free of packing charges
franco de douane free of customs duty
franco de port carriage free, carriage paid
franco le long du navire free alongside ship
franco sur wagon point de départ free on rail from departure station
francs constants *mpl* francs in real terms
francs courants *mpl* actual francs
frapper qch d'un impôt to impose tax on sth
frapper qch d'une amende to impose a fine on sth
fraude fiscale *f* tax evasion
fraude sur les produits *f* product fraud
frauder la douane to defraud the customs
frauder le fisc to evade tax
fraudeur *m* defrauder
frauduleusement fraudulently
frauduleux fraudulent
FRC (=franco transporteur) free carrier
freinte *f* wastage
frénésie d'achat *f* buying spree
fret *m* freight
fret aérien *m* air freight; *expédier par fret aérien* to airfreight
fret express *m* express freight
fret intérieur *m* inland freight
fret maritime *m* maritime freight, ocean freight
fret supplémentaire *m* additional freight
fret à forfait *m* through freight
fréter [*marchandises*] to freight; [*noliser: navire, avion*] to charter
fréteur *m* freight forwarder;

[*armateur*] shipowner
fréteur et affréteur *m* owner and charterer

frontière *f* border, frontier
fructueux profitable
futur client *m* prospective client

G

gabarit de chargement *m* loading gauge
gâchage des prix *m* price undercutting
gâcher le marché to spoil the trade
gagner gros to make large profits
gain: obtenir des gains de compétitivité to become more competitive
gain d'argent *m* financial gain
gain de change *m* exchange gain
gamme de prix *f* price range
gamme de produits *f* product range
garant *m* guarantor
garant solidaire *m* joint and several guarantor
garantie *f* guarantee, warranty: **sous garantie** under guarantee, under warranty
garantie bancaire *f* bank guarantee
garantie contractuelle *f* contractual guarantee
garantie conventionnelle *f* contractual cover

garantie inconditionnelle *f* unconditional guarantee
garantie offre *f* bid bond
garantie à l'exportation *f* export guarantee
garantie d'origine *f* original guarantee
garantie de bonne exécution *f* performance bond
garantie de bonne fin *f* performance bond
garantie de change *f* exchange guarantee
garantie de crédit à l'exportation *f* export credit guarantee
garantie de crédit acheteur *f* buyer credit guarantee
garantie de solvabilité *f* solvency guarantee
garantir to guarantee
gare *f* station
gare maritime *f* harbour terminal, terminal
gare routière *f* bus station
gare d'arrivée *f* destination station

gare de chemin de fer *f* railway station
gare de départ *f* departure station, sending station
gare de triage *f* marshalling yard
gâter le marché to spoil the market
GATT (=Accord général sur les tarifs douaniers et le commerce) *m* GATT
gel de crédits *m* credit freeze
gelé frozen
geler les prix to freeze prices
gérance *f* management
gérant *m* manager
gérer to manage
gestion *f* management
gestion qualité *f* quality control, quality management
gestion de crédit *f* credit management
gestion de production *f* production management
gestion de stocks *f* inventory management, stock control
gestionnaire *mf* manager
GIE (=groupement d'intérêt économique) *m* intercompany partnership
global: somme globale lump sum
grande surface *f* hypermarket
gratuit free, free of charge
gré: de gré à gré by mutual agreement
grève *f* strike; **faire (la) grève** to go on strike
grève générale *f* general strike
grève partielle *f* partial strike
grève sauvage *f* wildcat strike
grève surprise *f* lightning strike
grève tournante *f* staggered strike
grève de protestation *f* protest strike
grève de solidarité *f* sympathy strike
grève des cheminots *f* rail workers' strike
grève des dockers *f* dockers' strike
grève des transports *f* transport (workers') strike
grève du zèle *f* work to rule, go-slow
gréviste *mf* striker
gris [*importation*] grey
gros: acheter en gros to buy wholesale
gros bénéfice *m* large profit
grosse *f* gross
grosse commande *f* bulk order
grosse somme *f* large sum
grossiste *m* wholesaler
groupage *m* grouping, groupage, consolidation
groupe industriel *m* industrial group
groupe test de consommateurs *m* consumer test group
groupé consolidated
groupement *m* group
groupement professionnel *m* trade association
groupement à l'export *m* consolidation for export
groupement d'achat *m* purchasing co-operative, purchasing group
groupement d'exportateurs *m* export group, group of exporters
groupement d'intérêt économique *m* intercompany partnership
grouper to consolidate
groupeur *m* consolidator
groupeur maritime *m* maritime freight consolidator
groupeur routier *m* road haulage consolidator
groupeur de fret aérien *m* air freight consolidator
grue *f* crane

guerre des prix *f* price war | **guerre des tarifs** *f* price war

H

habillage d'un produit *m* packaging of a product
HAD (=honoraires d'agréé en douane) *mpl* customs broker's fees
hall d'exposition *m* exhibition hall
hangar *m* shed; [*grand*] warehouse
hausse subite *f* sudden rise
hausse de prix *f* price rise
hausse des prix *f* increase in prices
hausser les prix to raise prices
haut: haut! this side up; *à haute valeur ajoutée* high value added
haut de gamme up-market; [*d'une série*] top of the range
hauteur: à hauteur de [*s'engager*] up to
hebdomadaire weekly
hermétique airtight
heure d'ouverture *f* opening time
heure de fermeture *f* closing time
heures d'ouverture *fpl* opening hours
holding *m* holding company
homologuer to approve
homologuer un prix to authorize a price
honoraires *mpl* fees
honoraires d'agréé en douane *mpl* customs broker's fees
honorer to honour
hors taxe net of tax; [*exempt de taxe*] tax free
hors TVA net of VAT
HT (=hors taxe) before tax, net of tax, exclusive of tax; [*exempt de taxe*] tax free; *le montant HT de la facture* the invoice value net of tax
H. (=hors) TVA net of VAT

I

identification de marque *f* brand recognition
illégal illegal
illégalité *f* illegality
image de marque *f* brand image
imbattable [*prix*] unbeatable
immatriculation *f* registration
immatriculer to register
immatriculer des marchandises to register goods
immobilisation *f* fixed asset
impasse budgétaire *f* budget deficit
impayé *m* unpaid bill
impayé unpaid
implantation commerciale *f* business operation
s'implanter à l'étranger to set up overseas
implicite [*clause*] implied
import-export *m* import-export
importateur *m* importer
importateur [*pays*] importing
importations *fpl* imports
importer des marchandises to import goods
imposable taxable
imposé [*prix*] fixed
imposer un blocage des prix to impose a price freeze
impôt *m* tax
impôt direct *m* direct tax
impôt sur le chiffre d'affaires *m* turnover tax

impôt sur le revenu *m* income tax
imprimé *m* [*formulaire*] form, printed form
impropre à la consommation unfit for consumption
imputable chargeable
imputation à *f* charge to
inabordable unaffordable
inacquitté unpaid
inactif [*marché*] slack
incitation fiscale *f* tax incentive
inconvertible non-convertible
indemnisable [*dommage*] compensable
indemnisation *f* compensation
indemniser to compensate
indemniser qn de qch to compensate sb for sth
indemnité *f* compensation
indemnité compensatrice *f* compensation
indemnité de clientèle *f* compensation for loss of custom
indemnité de retard *f* compensation for late delivery
indexation *f* [*de prix, salaires*] index-linking
indicateur économique *m* economic indicator
indication d'origine *f* indication of origin
indice des prix *m* price index
indice des prix de détail *m* retail

price index
indice des prix de gros *m* wholesale price index
indiquer un prix to quote a price
indisponible unavailable
indûment [*payé*] incorrectly
industrialisation *f* industrialization
industrialiser to industrialize
industrie *f* industry
industrie de transformation *f* processing industry
industriel *m* manufacturer, industrialist
industriel industrial
inéchangeable [*devise*] non-convertible
inescomptable undiscountable
inexécution d'un contrat *f* non-performance of a contract
inexigible [*dette*] not due
inflation *f* inflation
inflation des prix *f* price inflation
inflationniste inflationary
ingénieur technico-commercial *m* sales engineer
ingénieur des ventes *m* sales engineer
injecter des capitaux dans une entreprise to inject capital into a business
injection d'argent *f* injection of money
inonder un marché de produits to flood a market with products
INPI (=Institut national de la propriété industrielle) *m equivalent to* Patent Office
inscription sur le registre du commerce *f* registration in the trade register
insertion publicitaire *f* advertisement

insolvabilité *f* insolvency
insolvable insolvent
inspecter des marchandises to examine goods
inspecteur d'une société d'assurances *m* insurance inspector
inspecteur du travail *m* factory inspector
inspection *f* inspection
Inspection du Travail *f* factory inspectorate
instances *fpl* authorities
Institut national de la propriété industrielle *m equivalent to* Patent Office
institut de crédit *m* credit institution
institution de crédit *f* credit institution
instructions de facturation *fpl* invoicing instructions
instructions pour l'expédition *fpl* shipping instructions
instrument de crédit *m* credit instrument
instrument de paiement *m* payment instrument
intégrer une somme dans une facture to include a sum in an invoice
interdiction d'exportation *f* export ban
interdiction d'importation *f* import ban
interdiction de commerce *f* trade ban
interdit: frapper d'interdit to impose a ban on
intérêt *m* interest
intérêt bancaire *m* bank interest
intérêt composé *m* compound interest

intérêt couru *m* accrued interest
intérêt fixe *m* fixed interest
intérêt simple *m* simple interest
intérêt variable *m* variable-rate interest
intérêt de retard *m* interest on arrears
intérêts compensatoires *mpl* damages
intérêts composés *mpl* compound interest
intérêts dus *mpl* interest due
intérêts échus *mpl* interest accrued
intérêts exigibles *mpl* interest due and payable
intérêts moratoires *mpl* default interest, penalty interest
intérêts à échoir *mpl* accruing interest
intérieur [*marché*] home, domestic
intermédiaire *m* middleman
interprétation d'un contrat *f* interpretation of a contract
interprète *mf* interpreter
introduire sur le marché to bring onto the market, to launch
introduire une action en justice to start legal proceedings, to bring action
introduire une instance to start legal proceedings
invendable unsaleable, unsellable
invendus *mpl* unsold goods
inventaire *m* inventory
inventaire intermittent *m* periodic inventory
inventaire permanent *m* perpetual inventory
inventaire physique *m* physical inventory
inventaire des marchandises *m* inventory of goods
inventorier to inventory
investir to invest
investissement *m* investment
investissement à l'étranger *m* foreign investment, overseas investment
investissement de capitaux *m* investment of capital, capital investment
investisseur *m* investor
irrécouvrable [*créance*] unrecoverable
irrévocable irrevocable
itinéraire *m* route

J

jauge brute *f* gross registered tonnage
jauge nette *f* net registered tonnage
jauger un navire to measure the tonnage of a ship
jetable disposable, throwaway
jeu complet de connaissements *m* full set of bills of lading
jeu de lettres de change *m* set of bills of exchange
jour: à 30 jours fin de mois 30 days from the end of the month
jour de grâce *m* day of grace
juridiction nationale *f* national jurisdiction
juridique legal
juriste *mf* lawyer
juste à temps just in time, JIT
justificatif de paiement *m* proof of payment

K

kilofranc *m* thousand francs
kraft *m* brown wrapping paper

L

label *m* label; [*marque*] trademark
label d'exportation *m* export label
laboratoire d'essai de produits *m* testing laboratory
laissé-pour-compte *m* reject
laisser blanc to leave blank
laisser des arrhes to make a deposit
laissez-passer *m* [*de douane*] transire
lancement *m* launch
lancer une nouvelle entreprise to launch a new company
l/c (=lettre de crédit) *f* L/C
LCR (=lettre de change relevé) *f* bills of exchange statement
légalisation *f* [*de documents d'importation*] authentication
légaliser des documents to certify documents
légaliser une signature to authenticate a signature
législation *f* legislation
législation commerciale *f* commercial legislation
législation douanière *f* customs legislation
lettre commerciale *f* business letter
lettre d'avis *f* advice note
lettre de change *f* bill of exchange, B/E
lettre de change relevé *f* bills of exchange statement
lettre de confirmation *f* letter of confirmation
lettre de crédit *f* letter of credit; *émettre une lettre de crédit* to open a letter of credit
lettre de crédit irrévocable *f* irrevocable letter of credit
lettre de garantie *f* letter of guarantee
lettre de garantie bancaire *f* bank guarantee
lettre de poursuite *f* chasing letter
lettre de rappel *f* reminder
lettre de relance *f* follow-up letter
lettre de transport aérien *f* air waybill
lettre de voiture *f* waybill
lettre de voiture CIM *f* CIM waybill
lettre de voiture CMR *f* CMR waybill
lettre de voiture fluviale *f* inland waterway waybill
libellé *m* description
libellé au porteur [*chèque*] made out to bearer
libellé en [*chèque*] made out in; [*cours*] quoted in, given in
libeller à l'ordre de to make out to the order of
libeller un chèque to make out a cheque, to write a cheque
libeller une facture to make out an invoice
libéralisation du commerce *f* liberalization of trade

libéralisation du cours du franc *f* freeing of the franc
libération des échanges commerciaux *f* deregulation of trade
libérer un débiteur to release a debtor
libre circulation de marchandises *f* free movement of goods
libre-échange *m* free trade
libre échange international *m* international free trade
libre des droits de douane duty-free
licence *f* licence
licence d'exportation *f* export licence
licence d'importation *f* import licence
licence de vente *f* sales licence
licencié *m* licence holder
lié par contrat bound by contract
lier to be binding on
lieu d'émission *m* [*de traite*] place of issue
lieu de départ *m* point of departure
lieu de destination *m* destination
lieu de livraison *m* point of delivery
lieu de paiement *m* place of payment
lieu de réception *m* place of receipt
ligne maritime *f* shipping line
ligne maritime de conférence *f* conference line
ligne de crédit *f* line of credit, credit line
ligne de produits *f* line of products, product line
limitatif restrictive
limitation de responsabilité *f* limitation of responsability
limite de crédit *f* credit limit
limite de poids *f* weight limit

limiter la production to limit production
liquidation *f* [*de dette, compte*] settlement; [*d'entreprise*] liquidation
liquide inflammable *m* flammable liquid
liquider une dette to pay off a debt
liste d'adresses *f* mailing list, address list
liste de clients *f* customer list, client list
liste de colisage *f* packing list
liste des prestataires *f* services supplier list
litige *m* legal dispute
litigieux [*contrat*] in dispute
littérature commerciale *f* sales literature
livrable [*marchandise*] ready for delivery
livraison *f* delivery; ***prendre livraison de*** to take delivery of
livraison franco par nos soins carriage paid
livraison immédiate available for delivery, ready delivery
livraison à domicile *f* delivery to domicile
livraison à terme *f* future delivery, forward delivery
livre de bord *m* log book
livre de commandes *m* order book
livre des inventaires *m* stock book
livre des réclamations *m* claims book
livre des rendus *m* returns book
livré franco domicile delivered free at domicile
livrer to deliver
livrer à domicile to deliver to domicile

livrer à terme fixe to deliver at a fixed term
livreur *m* delivery man
locaux commerciaux *mpl* business premises, commercial premises
locaux pour exposition *mpl* exhibition premises
locaux pour magasins *mpl* retail premises
logistique *adj* logistic
loi de l'offre et de la demande *f* law of supply and demand
long: à long terme long term
longévité *f* [*de produit*] life
lot *m* batch
loyaux coûts [*frais de contrat*] *mpl* costs arising from execution of a deed
LTA (=lettre de transport aérien) *f* AWB
lu et approuvé [*contrat*] read and approved

M

maculature d'emballage *f* heavy wrapping paper
magasin *m* shop; [*pour entreposer*] storeroom
magasin à succursales (multiples) *m* chain store
magasin d'usine *m* factory retail outlet
magasinage *m* storage, warehousing
magasinier *m* storesman, warehouseman
magasins généraux *mpl* public bonded warehouses
maison mère *f* parent company
maison à succursales multiples *f* multiple outlet company
maison de commerce *f* company
maison de vente par correspondance *f* mail order firm
maître d'œuvre *m* master of works, project manager
majoration *f* markup
majoration de prix *f* price markup
majorer [*prix*] to mark up
malfaçon *f* defect
malus *m* [*assurance*] loss of no-claims bonus
Manche: la Manche the English Channel
mandat-carte *m* postal order
mandat international *m* international money order
mandat-lettre *m* postal order
mandat postal *m* postal order

manifeste *m* manifest
manifeste de douane *m* customs manifest
manipulation *f* handling
manipuler des marchandises to handle goods
manquants *mpl* shortages
manque à gagner *m* loss of earnings
manque de fonds *m* lack of funds
manquer à la livraison to miss a delivery
manuel *m* manual
manufacturé manufactured
manutention *f* handling
manutentionnaire *m* storesman
manutentionner to handle
marc: au marc le franc pro rata
marchand *m* dealer
marchand *adj* market
marchandage *m* bargaining
marchander to bargain
marchandisage *m* merchandizing
marchandise *f* merchandise, goods; *une marchandise* a piece of merchandise
marchandise libérée *f* duty-paid goods
marchandise libre à la sortie *f* goods free of exit duty
marchandise prohibée *f* prohibited goods
marchandises *fpl* merchandise, goods
marchandises acquittées *fpl* duty paid goods
marchandises avariées *fpl* spoiled goods, damaged goods
marchandises dangereuses *fpl* dangerous goods
marchandises fragiles *fpl* fragile goods
marchandises franches de douane *fpl* duty-free goods
marchandises périssables *fpl* perishable goods, perishables
marchandises en transit *fpl* goods in transit
marchandiseur *m* merchandizer
marché *m* market; [*affaire, transaction*] deal; *sur le marché* on the market
marché-cible *m* target market
Marché Commun *m* Common Market
marché extérieur *m* foreign market, overseas market
marché grand public *m* consumer market
marché intérieur *m* home market
marché mondial *m* world market
marché monétaire *m* money market
marché test *m* test market
Marché unique *m* Single Market
marché à l'export *m* export market
marché de l'eurodevise *m* euromarket
marché des changes *m* foreign exchange market
marché des eurodevises *m* euromarket
marchés d'outre-mer *mpl* overseas markets
marge *f* margin
marge bénéficiaire *f* profit margin
marge brute *f* gross margin
marge commerciale *f* gross profit margin
marge commerciale moyenne *f* average gross profit margin
marge de crédit *f* credit margin
marge du distributeur *f* distributor's margin
marginal marginal

marine marchande *f* merchant navy
marketing *m* marketing
marketing direct *m* direct marketing
marketing mix *m* marketing mix
marquage de marchandises *m* marking of goods
marque *f* trademark
marque déposée *f* registered trademark
marque pilote *f* brand leader
marque protégée *f* registered trade mark
marque d'origine *f* origin of goods label
marque de commerce *f* trademark
marque de fabrique *f* trademark
marquer les prix to mark prices
marques d'expédition *fpl* shipping marks
matériel d'emballage *m* packaging
matière solide inflammable *f* flammable solid
matières premières *fpl* raw material
matricule *m* [*numéro d'inscription*] number
matriculer to register
maturité *f* maturity; *arriver à maturité* to mature
maximum maximum
médiation *f* mediation
membre *m* member
mensualisation *f* monthly payment
mensualiser to make payable by the month
mensualités *fpl* monthly instalments
mensuel monthly
mensuellement monthly
mentions *fpl* information
mentions obligatoires *fpl* essential information
menus frais *mpl* petty expenses, incidental expenses

mercatique *f* marketing
mercuriale *f* commodity price list
message télex *m* telex (message)
messagerie *f* parcels service; [*électronique*] electronic mail
messageries aériennes *fpl* air freight services
messageries maritimes *fpl* sea freight services
mettre à jour to update
mettre au point [*plan d'action*] to finalize
mettre en inventaire to inventory
mettre en libre pratique to clear through customs
mettre en vente des marchandises to offer goods for sale
mettre un embargo sur to embargo, to place an embargo on
mettre un produit aux normes to bring a product into line with standards
MGP (=marché grand public) *m* consumer market
minimum minimum
ministère *m* department
ministère de l'Economie et des Finances *m* Treasury
ministère des Affaires étrangères *m* Foreign Office *Br*, State Department *Am*
ministère des Finances *m* Exchequer *Br*, Ministry of Finance
ministère du Commerce extérieur *m* foreign trade department,
ministère du Commerce et de l'Industrie *m* Department of Trade and Industry, DTI
minoration *f* decrease
minorer des impôts to reduce taxes
mise à jour *f* update

mise aux normes d'un produit *f* making a product comply with standards

mise de fonds *f* investment

mise en conformité d'un produit *f* making a product comply with standards

mise en demeure *f* formal demand, formal notice

mise en exploitation *f* [*de machine*] commissioning

mise en libre pratique *f* customs clearance

mission *f* [*d'employé*] assignment

mission commerciale *f* business assignment; [*gouvernementale*] trade mission

mobilisable [*créance*] discountable

mobilisation de fonds *f* raising of funds

mobiliser [*créances*] to discount

mobiliser de l'argent to raise money

modalités de paiement *fpl* methods of payment

mode d'expédition *m* method of delivery

mode de paiement *m* method of payment

mode de règlement *m* method of payment

mode de transport *m* method of transport

modèle déposé *m* registered model

modération d'un impôt *f* tax reduction

modification d'un contrat *f* amendment of a contract

moins less

moins-perçu *m* short payment

moitié: à moitié prix at half price

mondial worldwide

monétaire monetary

monnaie dépréciée *f* depreciated currency

monnaie étrangère *f* foreign currency

monnaie flottante *f* floating currency

monnaie nationale *f* national currency

monnaie de compte *f* money of account

monnaie de compte convertible *f* convertible money of account

monnaie de papier *f* paper money

monopole d'exploitation *m* operating monopoly

monopole de vente *m* sales monopoly

monopole de l'état *m* state monopoly

monopoleur *m* monopolist

monopolisateur *m* monopolist

monopolisation *f* monopolization

monopoliser to monopolize

montant *m* amount

montant brut *m* gross (amount)

montant exonéré de TVA *m* VAT exempt amount

montant maximum *m* maximum (amount)

montant minimum *m* minimum (amount)

montant net *m* net (total)

montant prévisionnel des ventes *m* forecast sales level

montant total *m* total (amount)

montant du retour net *m* net return

monter une entreprise to set up a business

moratoire *m* moratorium

motif de réclamation *m* reason for claim

mouvement ascensionnel *m* upward movement

mouvement de baisse *m* downward movement
mouvement des capitaux *m* movement of capital
mouvement des devises *m* currency fluctuation
mouvement des prix *m* price fluctuation
mouvements monétaires *mpl* monetary fluctuations
moyennant paiement in exchange for payment, subject to payment
moyenne *f* average; [*en statistique*] mean
moyenne annuelle *f* yearly average
moyenne mensuelle *f* monthly average
moyenne pondérée *f* weighted average
moyenne simple *f* simple average
moyens financiers *mpl* financial means
moyens liquides *mpl* liquid resources
moyens de paiement *mpl* means of payment
moyens de production *mpl* means of production
moyens de transport *mpl* means of transport
multilatéral multilateral
multinationale *f* multinational
multisectoriel multisector
mutuel mutual
mutuelle *f* mutual insurance company

N

nantir un prêt to secure a loan
nantissement *m* pledge, guarantee, security
nationalisation *f* nationalization
nationaliser to nationalize
naufrage *f* wreck
navigation maritime *f* maritime navigation
navire *m* ship, vessel
navire marchand *m* merchant ship
navire porte-conteneurs *m* container ship
navire de commerce *m* merchant ship
navire de conférence *m* conference ship
NCM (=négociations commerciales multilatérales) *fpl* multilateral trade negotiations
négoce *m* trade

négociable negotiable
négociant *m* merchant
négociant exportateur *m* export merchant
négociation collective *f* collective bargaining
négociation d'un effet *f* negotiation of a bill of exchange
négociations commerciales multilatérales *fpl* multilateral trade negotiations
négociations précontractuelles *fpl* precontractual negotiations
négocier to negotiate
net net
net commercial *m* net profit
net à payer *m* net payable
net d'impôt net of tax
NGP (=nomenclature générale des produits) *f* customs nomenclature
niveau record *m* record level
niveau des prix *m* price levels
niveler les prix to level prices
nivellement *m* levelling
nolisé charter
nolisement *m* chartering
noliser to charter
nom commercial *m* trade name
nomenclature douanière *f* customs nomenclature
nomenclature générale des produits *f* customs nomenclature
non-conformité d'un produit *f* non-conformity of a product
non-exécution *f* [*d'un contrat*] non-performance
non négociable non-negotiable
non-paiement *m* non-payment
non taxable non-dutiable
NOREX source of information on standards and rules governing goods for export

normalisation *f* standardization
normalisé standard
normaliser to standardize
norme technique *f* technical standard
norme d'application *f* relevant standard
norme de production *f* production norm
norme de productivité *f* productivity norm
normes d'application obligatoires *fpl* compulsory standards
normes d'application volontaires *fpl* voluntary standards
notarié certified by a notary, notarized
notation *f* rating
note de commission *f* commission note, fee note
note de couverture *f* cover note
note de crédit *f* credit note
note de débit *f* debit note
note de rappel *f* reminder
noter une commande to log an order, to note an order
notification *f* notification
notifier qn de qch to notify sb of sth
nul et non avenu null and void
nullité d'un contrat *f* invalidity of a contract
numéraire *m* cash
numéraire [*valeur*] cash
numéro d'enregistrement *m* booking number
numéro d'identité bancaire *m* bank sort code
numéro d'ordre *m* order number
numéro de commande *m* order number

numéro de compte *m* account number
numéro de référence *m* reference number
numéro de série *m* serial number
numérotation *f* [*téléphone*] dialling
numéroter [*téléphone*] to dial

O

OACI (=Organisation de l'aviation civile internationale) *f* ICAO
objectif à terme *m* short-term objective
objectif de vente *m* sales objective
objet d'un contrat *m* object of a contract
obligation contractuelle *f* contractual obligation
obligatoire compulsory
observer un contrat to comply with a contract
obtention d'un prêt *f* obtaining of a loan
OCDE (=Organisation de coopération et de développement économique) *f* OECD
octroi *m* granting
octroi de licence *m* licensing
octroyer un prêt to grant a loan
Office national de la navigation *m* French national shipping and inland waterways office
office de publicité *m* advertising agency
offre *f* offer; [*dans appel d'offres*] bid, tender
offre commerciale *f* bid
offre export *f* export bid
offre publique d'achat *f* takeover bid
offre de vente *f* offer for sale
offrir des marchandises to offer goods for sale
offrir un prix to offer a price
OIT (=Organisation internationale du travail) *f* ILO
OMCI (=Organisation de la navigation maritime consultative et intergouvernementale) *f* IMCO
OMI (=Organisation maritime internationale) *f* IMO
ONN (=Office national de la navigation) *m* French national shipping and inland waterways office
ONU (=Organisation des Nations Unies) *f* UN

OPA (=offre publique d'achat) *f* takeover bid
OPEP (=Organisation des pays exportateurs de pétrole) *f* OPEC
opérateur *m* operator
opérateur de transport multimodal *m* multi-modal operator
opération courante *f* normal business transaction
opération financière *f* financial transaction
opérer un virement to make a transfer
opposition: faire opposition à un chèque to stop a cheque
option d'achat *f* option to buy
option de change *f* foreign currency option
or en barres *m* (gold) bullion
or en lingots *m* (gold) bullion
ordonnance *f* order
ordonnance de paiement *f* order to pay
ordonnancement *m* [*de paiement*] order to pay; [*mise en ordre*] scheduling
ordonnancer un paiement to order a payment, to authorize a payment
ordre: à l'ordre de payable to the order of
ordre permanent *m* standing order
ordre de paiement *m* payment order
ordre de prélèvement permanent *m* standing order
ordre de virement *m* transfer order
organigramme de production *m* production flowchart
Organisation internationale de normalisation *f* International Standards Organization
Organisation internationale du travail *f* International Labour Organization
Organisation maritime internationale *f* International Maritime Organization
Organisation de coopération et de développement économique *f* Organization for Economic Co-operation and Development
Organisation de l'aviation civile internationale *f* International Civil Aviation Organization
Organisation de la navigation maritime consultative et intergouvernementale *f* Intergovernmental Maritime Consultative Organization
Organisation des Nations Unies *f* United Nations
organiser to organize
organisme international *m* international organization
organisme professionnel *m* professional body
organisme de crédit *m* credit institution
original *m* original
origine: d'origine française of French origin
OTM (=opérateur de transport multimodal) *m* multi-modal operator
ouverture d'un compte *f* opening of an account
ouverture de crédit *f* granting of a loan
ouvrir un compte to open an account
ouvrir un crédit to grant a loan
ouvrir un débouché à un produit to open up a new outlet for a product

P

PAG (=Procédure accélérée générale de dédouanement) *f* accelerated customs clearance procedure
paiement anticipatif *m* advance payment, payment in advance
paiement anticipé *m* advance payment, payment in advance
paiement arriéré *m* payment in arrears
paiement comptant *m* cash payment, payment in cash
paiement différé *m* deferred payment
paiement échelonné *m* staged payments, staggered payments
paiement électronique *m* electronic payment, payment by electronic transfer
paiement intégral *m* payment in full
paiement mensuel *m* monthly payment
paiement partiel *m* partial payments, part payments
paiement progressif *m* increasing payments
paiement télégraphique *m* telegraphic payment
paiement à échéance *m* payment at maturity
paiement à vue *m* payment at sight
paiement à l'avance *m* advance payment
paiement à la commande *m* cash with order, CWO
paiement à la livraison *m* cash on delivery, COD, payment on delivery
paiement au comptant *m* cash payment
paiement contre documents *m* payment against documents
paiement d'avance *m* payment in advance, advance payment
paiement du solde *m* payment of the balance
paiement en espèces *m* cash payment
paiement en nature *m* payment in kind
paiement en souffrance *m* overdue payment
paiement par acomptes *m* payment by instalments
paiement par anticipation *m* payment in advance
paiement par chèque *m* payment by cheque
paiements internationaux *mpl* international payments
pair commercial *m* par
pair du change *m* exchange rate parity
Palais de Justice *m* Law Courts
palan *m:* **sous palan** under ship's tackle

palette-avion *f* air freight pallet
palette bois *f* wooden pallet
palettisation *f* palletization
palettiser to palletize
palettiseur *m* palletizer
panel de consommateurs *m* consumer panel
papier bancable *m* bankable paper
papier commercial *m* commercial paper
papier-monnaie *m* paper money
papier à ordre *m* instrument to order
papier à vue *m* sight paper
papier d'emballage *m* packing paper
paquet postal *m* parcel
par rapport au dollar against the dollar J/G E-F
par retour de courrier by return (of mail)
par route by road
paradis fiscal *m* tax haven
parité *f* parity
parité du pouvoir d'achat *f* purchasing power parity
parités du change *fpl* exchange rate parity
Parlement européen *m* European Parliament
parrainage *m* sponsorship
parrainer to sponsor
part sociale *f* share of capital, capital share
part de marché *f* market share
partenaires commerciaux *mpl* trading partners
partenaires sociaux *mpl* workers and management
partenariat *m* partnership
passage en douane *m* customs clearance
passation de commande *f* placing of an order
passavant *m* transire, transit bill
passer commande à qn to place an order with sb
passer commande de qch to place an order for sth
passer un contrat to sign a contract
passer un marché to sign a deal
passer une commande to place an order
passible d'impôts liable to tax
passible de droits de douane liable to customs duty
passible de taxe liable to tax
patente *f* licence
patenté [*commerçant*] licensed
pavillon de complaisance *m* flag of convenience
payable comptant payable in cash
payable à vue payable at sight
payable à l'arrivée payable on arrival
payable à l'échéance payable at maturity
payable à la banque payable at the bank
payable à la commande payable upon order
payable à la livraison payable on delivery
payé d'avance prepaid
payer *vt* to pay for
payer à tempérament to pay by instalments
payer à vue to pay at sight
payer au comptant to pay cash
payer en espèces to pay in cash
payer par chèque to pay by cheque
payeur *m* payer
payez au porteur pay to bearer
pays exportateur *m* exporting country

pays importateur

pays importateur *m* importing country
pays d'origine *m* country of origin
pays de destination *m* country of destination
pays de provenance *m* country of export
pays hors communauté *m* non-EC country
PC (=pièce de caisse) *f* cash voucher
péage *m* toll
pénalité *f* penalty
pénalité libératoire *f* full and final penalty payment
pénalité de retard *f* penalty payment
péniche *f* barge
pénurie *f* shortage
PEPS (=premier entré, premier sorti) FIFO
percepteur *m* tax collector
perception *f* collection
perception douanière *f* collection of customs duties
percevoir [*impôts*] to collect
percevoir une commission to receive a commission
perdre sur to lose on
pérennité *f* [*de fournisseur*] permanence
péréquation *f* equalization
performance *f* performance
période d'essai *f* trial period
périodique periodic(al)
périssable perishable
permis d'embarquement *m* shipping permit, shipping note
permis d'exportation *m* export licence
permis d'importation *m* import licence
permis de débarquement *m* unloading permit, unloading note

permis de douane *m* customs permit
permis de travail *m* work permit
perspectives d'avenir *fpl* prospects
perte *f* loss; *à perte* at a loss
perte envisagée *f* estimated loss
perte indemnisable *f* compensable loss
perte totale *f* total loss
perte d'intérêts *f* loss of interest
perte de change *f* exchange loss
pesage *m* weighing
pesée *f* weight
peser to weigh
peser à vide to tare
petites et moyennes entreprises *fpl* small (and medium-sized) businesses
petites et moyennes industries *fpl* small (and medium-sized) industries
phase de production *f* stage of production
PIB (=produit intérieur brut) *m* GDP
pièce détachée *f* spare (part)
pièce justificative *f* voucher
pièce de caisse *f* cash voucher
pièce de rechange *f* spare (part)
pièces justificatives *fpl* documentary evidence
piloter [*projet*] to be in charge of; [*navire*] to pilot
place commerciale *f* trade centre
place financière *f* financial centre
place monétaire *f* money market
placement *m* investment
placer [*de l'argent*] to invest
plafond du crédit *m* credit ceiling
plafonnement des prix *m* levelling off of prices
plafonner to level out, to level off
plainte *f* complaint

58

plan de financement *m* funding plan, financing plan, business plan

plan de marchéage *m* marketing mix

plan de production *m* production plan

planification *f* planning

planification à long terme *f* long-term planning

planifier to plan

planning *m* plan, schedule

planning des charges *m* expenditure plan

plaque CSC *f* CSC plate

plaquette publicitaire *f* advertising brochure

plate-forme de chargement *f* loading platform

plate-forme de déchargement *f* unloading platform, offloading platform

plein tarif *m* full price

pli recommandé *m* registered letter; *par pli recommandé* registered

PME (=petites et moyennes entreprises) *fpl* small (and medium-sized) businesses; *une PME* a small business

PMI (=petites et moyennes industries) *fpl* small (and medium-sized) industries

PNB (=produit national brut) *m* GNP

poids brut *m* gross weight

poids embarqué *m* shipped weight

poids lourd *m* heavy goods vehicle, HGV

poids rendu *m* delivered weight

poids total *m* total weight

poids à vide *m* tare

poids de taxation *m* chargeable weight

point: faire le point to take stock

point mort *m* breakeven point

point de saturation *m* saturation point

point de vente *m* point of sale

police individuelle crédit acheteur *f* individual buyer credit policy

police individuelle crédit fournisseur *f* individual supplier credit policy

police ouverte *f* open policy

police tous risques *f* comprehensive policy, all-risks policy

police universelle *f* worldwide policy

police au voyage *f* transport insurance

police d'assurance *f* insurance policy

police d'assurance maritime *f* marine insurance policy

police de chargement *f* bill of lading

politique commerciale *f* trade policy

politique économique *f* economic policy

politique monétaire *f* monetary policy

politique de crédit *f* credit policy

politique des prix *f* pricing policy

polystyrène *m* polystyrene

ponction fiscale *f* taxation

pondération *f* weighting

pondéré weighted

pont *m* deck

pontée *f* deck cargo

port *m* port; [*de marchandises*] carriage

port avancé carriage forward, freight collect, freight forward

port débours carriage forward paid against invoice

port dû carriage forward, freight collect

port forfait carriage forward paid in a lump sum in advance

port franc

port franc *m* free port
port franc carriage free; [*revue, journal*] postage paid
port maritime *m* sea port
port payé [*marchandise*] carriage paid
port payé, assurance comprise carriage insurance paid
port d'arrivée *m* port of arrival
port d'attache *m* port of registry
port d'embarquement *m* port of loading
port d'escale *m* port of call
port de départ *m* port of departure
port en lourd *m* deadweight, dwt
port et emballage postage and packing, p&p
port pour conteneurs *m* container port
portage *m* porterage
porte-conteneurs *m* container ship
portefeuille d'assurances *m* insurance portfolio
se porter garant envers to stand guarantor for, to stand surety for
porter plainte to make a complaint
porter à domicile to deliver to domicile
porter un montant au crédit d'un compte to credit an amount to an account
porter un montant au débit d'un compte to debit an amount to an account
porteur d'une traite *m* bearer of a bill
portuaire port
position créditrice *f* credit balance
position débitrice *f* debit balance
position d'un compte *f* balance of an account
positionnement *m* positioning

positionner un produit sur le marché to position a product on the market
postal postal
postdater to postdate
poste *f* post *Br*, mail
pot-de-vin *m* backhander, bribe
pour cent per cent
pourcentage *m* percentage; *au pourcentage* on a percentage basis, on a commission basis; *un pourcentage fixe* a fixed percentage
poursuivre qn en justice to sue sb, to take legal action against sb
poussée de *f* [*prix, inflation, etc.*] upsurge in
pouvoir d'achat *m* purchasing power
pouvoirs publics *mpl* public authorities
préalables d'un accord *mpl* pre-contract conditions
préavis *m* notice
préavis de paiement *m* payment advice
précédent *m* precedent
préciser to specify
précompte *m* advance deduction
précompter to withhold
préfabriqué prefabricated
préfacturation *f* prebilling
préférentiel preferential
préfixe *m* prefix
préjudice subi *m* damage suffered, loss suffered
prélèvement *m* withholding, deduction
prélèvement automatique *m* direct debit
prélèvement bancaire *m* direct debit
prélèvement fiscal *m* tax deduction

60

prélever to withhold, to deduct
prélever des taxes to withhold taxes, to deduct taxes
prélever une commission to deduct a commission
prendre une commande to take an order
prendre une police d'assurance to take out an insurance policy
preneur de lettre de change *m* payee of a bill of exchange
préposé de la douane *m* customs officer
prescrire to stipulate, to specify
présentation *f* [*d'effet, chèque*] presentation
présentation au paiement *f* presentation for payment
présenter à l'encaissement to present for collection
présenter des factures to present invoices
présomption de responsablité *f* presumption of liability
presse: la presse the press
pression fiscale *f* tax burden
prestataire de services *m* service provider, service supplier
prestation de capitaux *f* provision of capital
prestation de services *f* provision of services
prestations *fpl* services
prêt bancaire *m* bank loan
prêt bonifié *m* loan at reduced rate of interest, soft loan
prêt garanti *m* guaranteed loan
prêt à court terme *m* short-term loan
prêt à intérêts *m* loan at interest
prêt à long terme *m* long-term loan
prêt à la consommation *m* consumer loan

prévision *f* forecast
prévision (des) ventes *f* sales forecast
prévisionnel forecast
prévisions économiques *fpl* economic forecast
prime *f* premium
prime annuelle *f* annual premium
prime d'assurance *f* insurance premium
prime de renouvellement *f* renewal premium
prise à domicile *f* receipt at domicile
prise en charge *f* charge
privatisation *f* privatization
privatiser to privatize
privé private
prix affiché *m* posted price
prix brut *m* gross price
prix contractuel *m* contractual price
prix coûtant *m* cost price; *à prix coûtant* at cost
prix départ usine *m* price ex-works
prix facturé *m* invoice price
prix indicatif *m* approximate price
prix public *m* posted price
prix taxe comprise *m* price inclusive of tax
prix unique *m* one price, single price
prix unitaire *m* unit price
prix unitaire produit *m* unit price
prix usine *m* factory price
prix d'achat *m* purchase price
prix d'offre *m* supply price
prix de détail *m* retail price
prix de gros *m* wholesale price
prix de revient *m* cost price
prix de transport *m* freight price
prix de vente *m* selling price
prix hors taxe *m* price net of tax
procédure douanière *f* customs procedure

procès-verbal *m* report; [*de réunion*] minutes
processus industriel *m* industrial process
producteur *m* producer
producteur de pétrole [*pays*] oil-producing
production *f* production
production à la chaîne *f* mass production
production en masse *f* mass production
production en série *f* mass production
productivité *f* productivity
produire to produce
produit *m* product
produit fini *m* finished product
produit intérieur brut *m* gross domestic product
produit manufacturé *m* manufactured product
produit national brut *m* gross national product
produits finis *mpl* finished products
produits intermédiaires *mpl* semi-finished products
produits semi-finis *mpl* semi-finished goods
produits de grande consommation *mpl* consumer goods
profit *m* profit
profit réel *m* real profit
profitabilité *f* profitability
pro forma [*facture*] pro forma
progressif [*taux*] graduated, increasing
progressivité *f* [*d'impôt*] graduation
prohibition d'importation *f* import ban
projet *m* project

projet de contrat *m* draft agreement
prolongation *f* extension
prolonger to extend
promesse écrite *f* written promise, written undertaking
promoteur *m* promoter
promotion *f* promotion
promotion des ventes *f* sales promotion
promotionnel promotional
promouvoir to promote
proportion *f* proportion
proposition *f* proposal; ***dernière proposition*** final offer
proposition ferme *f* firm offer
proposition d'assurance *f* insurance proposal
proposition de paiement *f* payment proposal
proposition de prix *f* price proposal
propriétaire *mf* owner
proroger une échéance to extend payment terms
prospect *m* potential customer
prospecter [*la clientèle*] to canvass
prospecter le marché to explore the market
prospecteur *m* canvasser
prospectus *m* leaflet
protestable protestable
protester un effet to protest a bill
protêt *m* protest
protocole d'accord *m* outline agreement
provenance *f* origin
provision *f* provision
provision insuffisante *f* [*sur un compte*] insufficient funds
provisionnel provisional, interim
PU (=prix unitaire) *m* UP
publicitaire advertising
publicité *f* advertising

publicité directe *f* direct advertising
publicité par correspondance *f* direct mail advertising
publipostage *m* mailshot

Q

quai *m* wharf, quay; [*chemin de fer*] platform
quai d'arrivée *m* arrival quay
quai de chargement *m* loading quay
quai de déchargement *m* unloading quay
quai de départ *m* departure quay
qualité *f* quality
qualité inférieure *f* poor quality
qualité supérieure *f* high quality
quantité *f* quantity
quantum des bénéfices *m* proportion of profits
quasi-contrat *m* quasi-contract
quittance *f* receipt; [*facture*] bill
quittance double *f* duplicate receipt
quittance finale *f* final payment, final discharge
quittance d'assurance *f* receipt for payment of insurance monies
quittancer to receipt
quitte: être quitte d'une dette to be free of a debt
quitus *m* full discharge
quitus fiscal *m* tax clearance
quota *m* quota
quote-part *f* share
quotidien daily
quotient *m* quotient
quotité garantie *f* [*assurance*] guaranteed cover limit

R

rabais *m* reduction
rabaissement *m* lowering
rabaisser to lower
rabattre to reduce
rachat *m* [*d'entreprise*] takeover; [*par les salariés/directeurs*] buyout
rachetable [*action*] redeemable
racheter [*action, dette, etc.*] to redeem
racheteur *m* purchaser
ralentissement *m* slowdown
rapatriement *m* repatriation
rappel *m* reminder
rappel de compte *m* reminder of account outstanding
rapport annuel *m* annual report
rapporter de l'argent to be profitable
rapporter des bénéfices to be profitable
rapporter par an to yield annually
rapports commerciaux *mpl* business relations
ratification *f* ratification
ratifier to ratify
ratio *m* ratio
rationalisation *f* rationalization
rationaliser to rationalize
réacheminer des marchandises to reroute goods
réalisation d'un bénéfice *f* making a profit
réaliser un bénéfice to make a profit
réapprovisionnement des stocks *m* restocking
réapprovisionner [*un magasin*] to restock
réassortiment des produits *m* restocking
réassortir to restock
réassurance *f* reinsurance
réassurer to reinsure
réassureur *m* reinsurer
rebut *m* reject
recensement *m* stock take
recenser des marchandises to inventory goods, to check off goods
récépissé *m* receipt
récépissé aérien *m* airfreight consignment note
récépissé de dépôt *m* deposit receipt
récépissé de versement *m* receipt of payment
récépissé des chemins de fer *m* rail consignment note
réception *f* [*de biens*] receipt
réception définitive *f* final hand over, final acceptance
réceptionnaire *mf* consignee
récession économique *f* economic recession
recette annuelle *f* annual earnings
recette brute *f* gross earnings
recette journalière *f* daily takings
recette nette *f* net receipts

régime douanier

recette des douanes f customs office
recettes fpl receipts
recettes fiscales fpl tax revenue
recettes et dépenses fpl revenue and expenditure
receveur des douanes m excise officer, collector of customs
réclamant claimant; [*en droit civil*] plaintiff
réclamation f claim; [*plainte*] complaint
réclamer auprès de to make a claim against; [*se plaindre*] to lodge a complaint with
réclamer des dommages et intérêts to claim damages
réclamer le paiement to demand payment
recommander une lettre to register a letter
reconductible renewable
reconduction f renewal
reconduction tacite f tacit renewal
reconnaissance de dette f acknowledgement of debt; [*document*] debt instrument, promissory note, IOU
reconstituer des stocks to replenish stocks, to restock
se **reconvertir dans** [*industrie*] to move into, to diversify into
recours m recourse
recours contentieux m litigation, legal recourse
recours contre l'endosseur m recourse against the endorser
recouvrable recoverable
recouvrement d'impôts m tax collection
recouvrement de créances m debt collection
recouvrer [*créance*] to collect

recta punctually
reçu m receipt
reçu d'espèces m cash receipt
reculer un paiement to defer payment
récupérable recoverable
récupération f [*de TVA*] recovery
récupérer ses débours to recoup one's expenditure
rédhibition f cancellation of sale due to a material defect
rédhibitoire [*vice*] material
rédiger [*bon de commande*] to make out; [*contrat*] to draw up
redistribuer to redistribute
redressement économique m economic recovery
redû m balance due
réduction f reduction; *faire une réduction de 12%* to give 12% off
réduction des prix f price reduction
réduire to reduce
réduit reduced
réescompte m rediscount
réescompter to rediscount
réévaluation f revaluation
réévaluer to revalue
réexportation f re-export
réexporter to re-export
réfaction f rebate
références commerciales fpl trade references
réfrigéré refrigerated, reefer
refus de paiement m non payment; [*de traite*] dishonour
refuser d'accepter un effet to dishonour a bill by non-acceptance
refuser de payer une traite to dishonour a bill by non-payment
régie des impôts indirects f Customs and Excise department
régime douanier m customs system

régime douanier suspensif *m* temporary free imports system
régime d'imposition *m* tax system
régime de transit *m* transit system
régime de l'entrepôt public *m* public bonded warehouse system
régime du forfait *m* fixed rate tax assessment system
région cible *f* target area
région test *f* test area
registre international des marques *m* international trademark register
Registre du Commerce *m* trade register
règle du décalage d'un mois *f* one month in arrears rule
règlement *m* [*de facture*] payment, settlement; [*statut*] regulation
règlement au comptant *m* payment in cash
règlement par chèque *m* payment by cheque
réglementation *f* regulations
réglementation douanière *f* customs regulations
réglementation du change *f* exchange control regulations
règlements douaniers *mpl* customs regulations
régler [*fournisseur*] to pay; [*compte*] to settle
régler à l'amiable to settle out of court
régler au comptant to pay in cash
régressif [*impôt, tarif*] tapering
régularisation *f* [*de compte, stocks, charges*] adjustment
régulariser to adjust
régularité et sincérité des charges *f* true and fair nature of expenses
réimportation *f* reimport

réimporter to reimport
réimposition *f* retaxation
réinvestir to reinvest
rejet *m* rejection
rejeter to reject
relance *f* follow-up
relance de l'économie *f* economic revival
relancer l'économie to boost the economy
relancer la production to boost production
relancer un client to follow up a customer
relancer un débiteur to chase up a debtor
relations commerciales *fpl* business relations
relations publiques *fpl* public relations
relations d'affaires *fpl* business relations
relations de travail *fpl* labour relations
relevé d'identité bancaire *m* bank details
relevé de compte *m* bank statement
relevé de factures *m* statement of invoices
relèvement *m* [*augmentation*] raising; [*reprise*] recovery
relever [*augmenter*] to raise
relever une industrie to revive an industry
reliquat *m* balance
reliquat de compte *m* account balance
remarque *f* remark
remboursable repayable, refundable
remboursement *m* repayment, refund
remboursement anticipé *m* early

représentant de commerce

repayment
remboursement garanti *m* satisfaction or your money back
rembourser to repay, to refund, to pay back; [*prêt*] to redeem
réméré *m* repurchase
remettre à l'encaissement to remit for collection
remettre à l'escompte to remit for discount
remettre une dette to cancel a debt; [*à plus tard*] to defer (payment of) a debt
remise *f* discount; [*pour paiement anticipé*] settlement discount
remise documentaire *f* documentary remittance
remise d'effets *f* remittance of bills
remise de caisse *f* cash discount, cash rebate
remorque *f* trailer
remplir un formulaire to complete a form
rémunérateur [*placement*] interest-bearing
rémunérer to pay
renchérir [*prix*] to raise
renchérissement des marchandises *m* increase in the price of goods
rendement *m* [*d'investissement*] yield
rendu, droits acquittés delivery duty paid
rendu, droits non acquittés delivery duty unpaid
rendu franco bord delivered free on board
rendu à domicile delivered at domicile
rendu à la frontière delivered at frontier

rendus *mpl* returns
renégociation *f* renegotiation
renégocier to renegotiate
renonciation *f* waiver
renouveler une commande to repeat an order
renouveler une traite to renew a bill of exchange
renouvellement *m* [*d'effet*] renewal
renouvellement des stocks *m* stock replacement
rentabilité *f* profitability
rentabilité du capital *f* return on capital
rentable profitable, cost-effective
rentrer dans ses fonds to recoup one's investment
rentrer dans ses frais to recover one's expenses
renverser son chargement to shed its load
renvoi *m* [*de marchandises*] return; [*de projet*] postponement
renvoyer [*à plus tard*] to postpone
renvoyer à l'expéditeur to return to sender
répartir une avarie to adjust an average
répercuter une augmentation sur les consommateurs to pass an increase on to the consumer
répertoire des métiers *m* trade directory
répertorier to list
repli *m* [*de monnaie, prix*] fall
report *m* [*à plus tard*] postponement, deferral
reporté postponed, deferred
représentant *m* representative, agent
représentant de commerce *m* commercial traveller, rep

représentation *f* [*agence*] agency
représentation exclusive *f* sole agency
représenter une traite à l'acceptation to re-present a bill for acceptance
reprise *f* recovery
reprise économique *f* economic recovery
reprise des affaires *f* business recovery
reprogrammer une livraison to reschedule a delivery
réseau de commercialisation *m* marketing network
réseau de distribution *m* distribution network
réseau de vente *m* sales network
réserve: sans réserve de retour non-returnable
résiliable rescindable
résiliation *f* termination
résilier un contrat to terminate a contract
résoluble rescindable
résolutoire [*clause*] termination
respecter les délais de livraison to meet delivery schedules
responsabilité civile *f* public liability
responsabilité contractuelle *f* contractual liability
responsabilité limitée *f* limited liability
responsabilité patronale *f* employer's liability
responsabilité solidaire et indivise *f* joint and several liability
responsabilité du fabricant *f* manufacturer's liability, product liability
responsable *mf* person in charge
responsable produit *mf* product manager
responsable de magasin *mf* warehouse manager
responsable des ventes *mf* sales manager
responsable du service commercial *mf* sales and marketing manager
resserrement du crédit *m* credit squeeze
ressource *f* resource
ressources financières *fpl* financial resources
restant *m* remainder, balance
restant de compte *m* account surplus, account balance
restant en caisse *m* cash surplus
restituable [*dépense*] refundable
restrictif restrictive
restrictions aux exportations *fpl* export restrictions
retard *m* delay; *en retard* late
retard à la livraison *m* delay in delivery
retardataire late
retarder le paiement to delay payment
retenir des marchandises en douane to hold goods up at customs
retenue *f* [*de somme*] deduction, withholding
retenue des marchandises par la douane *f* holding up of goods at customs
retirer des marchandises de la circulation to withdraw goods from circulation
retour *m* return; *par retour du courrier* by return (of mail)
retour net *m* net return

retour à l'envoyeur *m* return to sender
retour sans frais *m* return free of charge
retour sur l'investissement *m* return on investment
retour sur ventes *m* return on sales
retourner à l'expéditeur to return to sender
retourner un effet to return a bill
retrait d'espèces *m* cash withdrawal
retrait de marchandises *m* withdrawal of goods
rétroactif back-dated, retroactive
réunir [*capitaux, somme d'argent*] to raise
revalorisation *f* [*de monnaie*] revaluation
revaloriser [*monnaie*] to revalue
revendeur *m* retailer
revenus de l'exportation *mpl* export revenue
revêtir un accord d'une signature to put one's signature to an agreement
réviser à la baisse to revise downwards
réviser à la hausse to revise upwards
révocable [*crédit*] revocable, callable
revoir à la baisse to revise downwards
revoir à la hausse to revise upwards
revue professionnelle *f* trade journal
RIB (=relevé d'identité bancaire) *m* bank details
RID (=règlement international concernant le transport des marchandises dangereuses par chemins de fer) *m* RID, international rules concerning the transport of dangerous goods by rail
risques de guerre *mpl* war risks
ristourne *f* rebate
ristourne de droits de douane *f* customs drawback
ristourne de fidélité *f* regular customer rebate
ristourne de prime *f* premium rebate
rivaliser avec to compete with
rompre des négociations to break off negotiations
rotation *f* rotation
rotation des stocks *f* stock turnaround, stock turnover
roulement de capitaux *m* turnover of capital
roulier RoRo
routage *m* routing
route *f* road; *par route* by road
route aérienne *f* airway
route commerciale *f* trade route
routier *m* [*camionneur*] truck driver, lorry driver *Br*
royalties *fpl* royalties
rupture *f* [*de contrat*] breach
rupture abusive *f* [*de contrat*] breach
rupture de stock *f* stock outage; *être en rupture de stock* to be out of stock
rythme de production *m* rate of production

S

SA (=société anonyme) *f* plc
sabotage *m* sabotage
saboter to sabotage
sacrifié [*prix*] rock-bottom; [*article*] at a rock-bottom price
sacrifier des marchandises to sell goods at rock-bottom prices
saisie *f* seizure
salaire *m* wages; [*mensuel*] salary
salle d'exposition *f* exhibition hall
salle de conférence *f* conference room
salle des ventes *f* auction rooms
salon professionnel *m* trade fair
salon spécialisé *m* specialized trade fair
sanction *f* penalty
SARL (=société à responsabilité limitée) *f* Ltd
satisfaire à la demande to satisfy demand
saturation du marché *f* market saturation
saturé saturated
saturer to saturate
SAV (=service après-vente) *m* after-sales service
savoir-faire *m* expertise, know-how
SCA (=société en commandite par actions) *f* partnership limited by shares
SCI (=société de commerce international) *f* international trading corporation
SCS (=société en commandite simple) *f* limited partnership
secteur primaire *m* primary sector
secteur privé *m* private sector
secteur public *m* public sector
secteur secondaire *m* secondary sector
secteur tertiaire *m* tertiary sector
secteur du marché *m* sector of the market
segment de marché *m* market segment
selon facture as per invoice
semestre *m* half year
semestriel half-yearly
semi-remorque *f* articulated lorry, semi
série complète de connaissements *f* full set of bills of lading
série de prix *f* contract price list
série de produits *f* product line
service *m* [*direction*] department; [*rendu*] service
service administratif *m* administration (department)
service après-vente *m* [*direction*] after-sales (department); [*service rendu*] after-sales service
service clientèle *m* [*direction*] customer service (department); [*service rendu*] customer service
service commercial export *m* export

société d'affacturage

(department)
service comptable *m* accounts (department)
service contrôle qualité *m* quality control (department)
service export intégré *m* integrated export service
service financier *m* finance (department)
service lancement *m* product launch department
service d'un emprunt *m* servicing a loan
service de l'expédition *m* shipping (department)
service de la dette *m* debt servicing
service de la prospection *m* marketing (department)
service des achats *m* purchasing (department), buying department; [*plus grand*] procurement (department)
service des crédits documentaires *m* documentary credit department
service des renseignements commerciaux *m* status enquiry department
service du personnel *m* personnel (department)
seuil de prix *m* price threshold
seuil de rentabilité *m* breakeven point
seule de change *f* sola of exchange
SICAV (=Société d'investissement à capital variable) *f* unit trust, mutual fund
siège principal *m* head office
siège social *m* registered office, head office
sigle *m* [*d'entreprise*] logo
signataire *mf* signatory

signature *f* signature
signature d'un contrat *f* signing of a contract
signer to sign
simulation *f* [*prévision*] forecast
sinistre *m* damage; [*réclamation*] claim
sinistré damaged
SIRET: No SIRET company registration number
situation économique *f* economic situation
situation d'un compte *f* account balance, account position
situation de la caisse *f* cash balance, cash position
situation du marché *f* market situation
slogan publicitaire *m* advertising slogan
SME (=Systeme monétaire européen) *m* EMS
SMIC (=salaire minimum interprofessionnel de croissance) *m* minimum wage
smicard *m* minimum wage earner
SNC (=société en nom collectif) *f* commercial/industrial partnership
société *f* company
société affiliée *f* affiliated company
société anonyme *f* public limited company, corporation *Am*
société commerciale *f* company
société commune *f* joint venture
société fiduciaire *f* trust company
société mère *f* parent company
société nationalisée *f* nationalized company
société à responsabilité limitée *f* limited liability company
société d'affacturage *f* factoring company

société de gestion

société de gestion *f* holding company
société de négoce *f* trading company
société de personnes *f* partnership
société en commandite *f* limited partnership
société en commandite par actions *f* partnership limited by shares
société en commandite simple *f* limited partnership
société en nom collectif *f* commercial/industrial partnership
société en participation *f* joint venture
SOFI (=système d'ordinateurs pour le fret international) *m* computerized system for international freight
SOFININDEX (=Société pour le financement des industries exportatrices) *f* independent agency providing funding for export industries
solde actif *m* credit balance
solde créditeur *m* credit balance
solde débiteur *m* debit balance
solde passif *m* debit balance
solde de tout compte *m* final settlement
solde en caisse *m* cash balance
solder [*produits*] to sell off
solvabilité *f* solvency
solvable solvent
sommation *f* summons
somme due *f* amount due
somme nette *f* net (amount)
sommer qn de payer to require sb to pay
sortie *f* [*de capitaux, devises*] outflow
sorties de caisse *fpl* cash payments
sorties de fonds *fpl* outgoings
souffrance: en souffrance [*envoi*] awaiting collection; [*créance*] overdue
soumettre à l'impôt to subject to tax
soumis aux droits de douane subject to customs duty
soumission *f* bid, tender
soumission cachetée *f* sealed bid
soumissionnaire *mf* tenderer
soumissionner to tender
soumissionner qch to tender for sth
souscripteur *m* [*d'effet de commerce*] drawer; [*d'emprunt*] subscriber, underwriter
souscrire [*police d'assurance*] to take out; [*garantir*] to underwrite
sous-production *f* under-production
sous-produit *m* by-product
sous-total *m* subtotal
sous-traitance *f* subcontracting
sous-traitant *m* sub-contractor
sous-traiter to subcontract
soutenir les prix to support prices
soutien de prix *m* price support
spécification *f* specification
spécifier to specify
stabilisation *f* stabilization
stabiliser les prix to stabilize prices
stabilité des changes *f* exchange rate stability
stabilité des prix *f* price stability
stable stable
stagnant stagnant
stagnation *f* stagnation
stand d'exposition *m* exhibition stand
standard standard
standard de vie *m* standard of living
standardisation *f* standardization
standardiser to standardize
statistiques *fpl* statistics
statut juridique *m* legal status
statut légal *m* legal status

syndicat

statutaire statutory
stimulation *f* stimulation
stipulation *f* stipulation
stipuler des conditions to stipulate conditions
stipuler par contrat to stipulate in a contract
stock final *m* closing stock
stock initial *m* opening stock
stock stratégique *m* perpetual inventory
stock d'alerte *m* minimum stock level
stock de sécurité *m* perpetual inventory
stockage excessif *m* overstocking
stocker des marchandises to stock goods
stockiste *mf* stockist
stratégie commerciale *f* business strategy
structure des prix *f* price structure
subir des pertes to suffer losses
subir une majoration to be increased
subside *m* grant, subsidy
subvention *f* grant, subsidy
subvention à l'exportation *f* export subsidy
subvention d'exploitation *f* operating subsidy
succursale *f* branch
suivant connaissement as per bill of lading
suivant disponibilité subject to availability
suivi des commandes *m* follow-up of orders
supplément d'imposition *m* additional taxes
supplément de prix *m* additional charge
supplémentaire additional, supplementary
supplétif additional
support publicitaire *m* advertising medium
supporter les frais to bear the costs
suppression des barrières douanières *f* removal of customs barriers
surcharge *f* surcharge
surcoût *m* cost overrun
sureffectif *m* overmanning; *en sureffectif* surplus
surenchère *f* overbid
surenchérir sur l'offre d'un concurrent to outbid a competitor
surenchérisseur *m* highest bidder
surendettement *m* overindebtedness, overgearing
surestarie *f* demurrage
surestimation *f* overestimate
surestimer to overestimate
sûreté en garantie d'une créance *f* surety for a loan
surévaluation *f* over-valuation
surévaluer to over-value
suroffre *f* excess supply
surplus *m* surplus
surprime *f* additional premium
surproduction *f* overproduction
surprofit *m* excess profit
sursis de paiement *m* extra time to pay
surtaxe *f* [*postale*] surcharge
suspendre les paiements to stop payments
suspension d'un paiement *f* stopping of payment
syndic de faillite *m* official receiver
syndicalisme *m* trade unionism
syndicaliste *mf* trade unionist
syndicat *m* trade union

syndicat professionnel *m* trade association
syndicat de faillite *m* official receivership
syndiqué *m* trade union member; *être syndiqué* to be a member of a trade union
système douanier *m* customs system
système fiscal *m* tax system
Système monétaire européen *m* European Monetary System
système de contrôle de stocks *m* stock control system
système de relance *m* follow-up system

T

tableau d'avancement de commandes *m* order flowchart
tacite reconduction *f* tacit renewal
tare *f* tare
tarer to tare
tarif *m* [*liste*] price list; [*prix*] rate; [*douanier*] tariff
tarif dégressif *m* tapering rate
tarif différentiel *m* differential rate
tarif douanier *m* customs tariff
tarif export *m* export tariff
tarif forfaitaire *m* flat rate
tarif horaire *m* hourly rate
tarif préférentiel *m* preferential rate
tarif progressif *m* increasing rate
tarif réduit *m* reduced rate
tarif spécial *m* special rate
tarif à forfait *m* all-in price
tarif de base *m* basic rate
tarif de faveur *m* preferential rate
tarifaire tariff
tarifer to set the rate of
tarification *f* setting of rates
taux *m* rate
taux intermédiaire *m* intermediate rate
taux linéaire *m* straight-line rate
taux normal *m* standard rate
taux officiel *m* official rate
taux préférentiel *m* prime rate
taux privé *m* market rate
taux réduit *m* reduced rate
taux uniforme *m* uniform rate, flat rate
taux d'accroissement *m* rate of increase, rate of growth
taux d'amortissement *m* rate of depreciation, depreciation rate
taux d'assurance *m* insurance rate
taux d'échange *m* rate of exchange
taux d'emprunt *m* borrowing rate
taux d'escompte *m* discount rate

taux d'inflation *m* rate of inflation, inflation rate
taux d'intérêt *m* rate of interest, interest rate
taux d'usure *m* penal rate
taux de base bancaire *m* bank base rate
taux de change *m* exchange rate
taux de change flottant *m* floating exchange rate
taux de conversion *m* conversion rate
taux de couverture *m* rate of coverage
taux de croissance *m* rate of growth, growth rate
taux de droit de douane *m* rate of (customs) duty
taux de marge *m* mark-up ratio
taux de TVA *m* rate of VAT, VAT rate
taxable taxable
taxation *f* taxation
taxation différentielle *f* differential taxation
taxation à la valeur *f* tax on value
taxation au poids *f* tax on weight
taxe *f* tax; *toutes taxes comprises* inclusive of tax
taxe locale *f* local tax
taxe parafiscale *f* indirect tax, excise tax
taxe régionale *f* local tax
taxe supplémentaire *f* surcharge
taxe à l'exportation *f* export tax
taxe de luxe *f* luxury tax
taxe sur la valeur ajoutée *f* value added tax
taxe sur le chiffre d'affaires *f* sales tax
taxe sur le revenu *f* income tax
taxer to tax

TCA (=taxe sur le chiffre d'affaires) *f* sales tax
technique de vente *f* sales technique
télécopie *f* fax
télécopieur *m* fax (machine)
télex *m* telex
temps d'immobilisation *m* down time
temps de cycle *m* business cycle
tendance *f* trend
tendance du marché *f* market trend
teneur d'un contrat *f* terms of a contract
teneur du marché *f* market trend
tenir les livres à jour to keep the books up to date
tenue de caisse *f* petty cash management
tenue des livres *f* bookkeeping
tenue des stocks *f* stock keeping
terme: à terme échu on the due date; *à terme fixe* fixed-term
terme d'échéance *m* [*d'effet*] maturity date
terme de liquidation *m* account period, settlement period
terme de livraison *m* delivery deadline
terme de rigueur *m* deadline
termes commerciaux *mpl* commercial terms, incoterms
termes d'un contrat *mpl* terms and conditions of a contract
termes de paiement *mpl* terms of payment
termes de l'échange *mpl* terms of trade
terminal *m* terminal
test *m* test
test de conformité *m* compliance test
test de marché *m* test marketing
tester to test, to test market

thésaurisation *f* hoarding
thésauriser to hoard
tiers détenteur *m* third party holder
tiers porteur *m* [*d'effet*] holder in due course
tiers possesseur *m* third party owner
tiers provisionnel *m* interim payment of tax
TIF (=transport international ferroviaire) *m* international rail transport, TIF
timbre de pesage *m* weight stamp
TIOP (=taux interbancaire offert à Paris) *m equivalent to* LIBOR
TIR (=transport international de marchandises par route) *m* TIR, international transport of goods by road
tirage *m* [*de chèque*] drawing; [*de prêt*] draw down
tirages annuels *mpl* annual drawings
tiré *m* drawee
tirer à découvert to overdraw
tirer à vue to draw at sight
tirer un chèque sur to draw a cheque on
tirer une traite sur to draw a bill on
tireur *m* drawer
titre *m* security
titre nominatif *m* registered security
titre universel de paiement *m* universal payment order
titre au porteur *m* bearer bond
titre d'action *m* share certificate
titre d'obligation *m* loan note, bond note
titre de créance *m* loan note, debt instrument
titre de participation *m* equity loan
titre de rente *m* government bond
titre de transport *m* [*connaissement, etc.*] transport document

titres *mpl* securities, stock *Am*
titres libérés *mpl* fully paid-up securities
titres de placement *mpl* marketable securities
titulaire *mf* holder
titulaire d'action *mf* shareholder
tonnage brut *m* gross tonnage
tonne *f* tonne; [*non métrique*] ton
tonne d'arrimage *f* measurement ton
tonne d'encombrement *f* measurement ton
tonne de jauge *f* register ton
tonneau de fret *m* freight ton
total général *m* grand total
total à payer *m* total payable
total des recettes *m* total receipts
totaliser to total
toucher un chèque to cash a cheque
toucher un intérêt to receive interest
tout compris [*prix*] all-in
toutes taxes comprises inclusive of tax
tractations *fpl* negotiations
traduire to translate
trafic commercial *m* commercial trade
trafic des marchandises *m* goods traffic
train de marchandises *m* goods train, freight train
traite *f* draft, bill of exchange
traite bancaire *f* bank draft
traite documentaire *f* documentary bill
traite libre *f* clean bill
traite à courte échéance *f* short-dated bill
traite à date fixe *f* time bill
traite à longue échéance *f* long-dated bill
traite à terme *f* term draft

traite à vue *f* sight draft
traite contre acceptation *f* acceptance bill
traite de complaisance *f* accommodation bill
traite pro forma *f* pro forma bill
traite "sans frais" *f* bill "without protest"
tranche d'imposition *f* tax bracket
tranche de paiement *f* instalment
transaction *f* transaction
transactions bancaires *fpl* bank transactions
transactions commerciales *fpl* business transactions
transbordement *m* transshipment
transborder to transship
transférable transferable
transfert de capitaux *m* transfer of capital
transfert de créances *m* assignment of debts
transfert de devises *m* currency transfer
transfert de fonds *m* transfer of funds
transit *m* transit; *en transit* in transit
transit communautaire *m* Community transit
transit douanier *m* Customs transit
transitaire *m* freight forwarder
transitaire aéroportuaire *m* airfreight forwarder
transitaire-groupeur *m* forwarder and consolidator
transitaire portuaire *m* maritime freight forwarder
transiter to forward
transmissible par endossement transferable by endorsement
transmission par endossement *f* transfer by endorsement

transport aérien *m* air transport
transport ferroviaire *m* rail transport
transport fluvial *m* inland waterway transport
transport routier *m* road transport
transport de marchandises *m* transport of goods
transport pour compte propre *m* transport on own account
transportable transportable
transporter des marchandises to transport goods, to carry goods
transporteur *m* carrier, transporter
transporteur international *m* international carrier
transporteur public *m* public carrier, common carrier
transporteur routier *m* road haulier
traversée *f* voyage, crossing
trésorerie *f* cashflow
tribunal *m* court
tribunal arbitral *m* arbitration tribunal
tribunal de commerce *m* trade tribunal
tribunal des prud'hommes *m* industrial tribunal
triple: en triple exemplaire in triplicate
troc *m* barter
troquer to barter
trust commercial *m* commercial monopoly
trust industriel *m* industrial monopoly
truster *vi* to form a monopoly
truster *vt* to form into a monopoly
TTC (=toutes taxes comprises) inclusive of tax
tunnel sous la Manche *m* Channel Tunnel

TUP (=titre universel de paiement) *m* universal payment order

TVA (=taxe sur la valeur ajoutée) *f* VAT

U

unilatéral unilateral
union douanière *f* customs union
union économique *f* economic union
union monétaire *f* monetary union
unité monétaire *f* monetary unit
unité de chargement *f* load unit
unité de production *f* production unit
urgent urgent

usine *f* factory, plant
usine clés-en-main *f* turnkey plant
usine pilote *f* pilot plant
usufruit *m* usufruct, life interest
usure *f* wear and tear
utilisable [*crédit*] available
utilisateur *m* user
utilisateur final *m* end user

V

valeur *f* value, worth
valeur actuelle *f* current value
valeur assurable *f* insurable value
valeur assurée *f* insured value
valeur brute *f* gross value
valeur compensée *f* cleared value
valeur comptable *f* book value
valeur déclarée *f* declared value
valeur marchande *f* market value
valeur totale assurée *f* total insured value
valeur transactionnelle *f* settlement value
valeur vénale *f* fair market value
valeur à l'échéance *f* maturity value
valeur à l'encaissement *f* value for collection
valeur d'achat *f* purchase value
valeur d'inventaire *f* balance sheet value, break-up value
valeur d'origine *f* original value
valeur de rachat *f* [*de police*] surrender value
valeur en bourse *f* stock market value
valeur en douane *f* customs value, value for customs purposes
valeurs étrangères *fpl* foreign securities
valeurs mobilières *fpl* shares
valeurs négociables *fpl* marketable securities
valeurs réalisables *fpl* realizable securities, marketable securities
validité *f* validity
valoir to be worth
valorisation *f* [*d'inventaire*] valuation
valoriser to increase the value of
variation saisonnière *f* seasonal variation
variation de stock *f* change in stock
véhicule *m* vehicle
vendable saleable, sellable
vendeur *m* seller; [*employé*] salesman
vendeur export *m* exporter
vendre à crédit to sell on credit
vendre à perte to sell at a loss
vendre à terme to sell forward
vendre au comptant to sell for cash
vendre de gré à gré to sell privately
vente *f* sale
vente-conseil *f* sales consultancy
vente directe *f* direct selling
vente-marketing *f* sales and marketing
vente à crédit *f* credit sale
vente à domicile *f* door-to-door selling
vente à tempérament *f* hire purchase, installment plan *Am*
vente à terme *f* forward sale
vente à l'amiable *f* private sale
vente à l'arrivée *f* sale at arrival
vente au départ *f* sale at departure

vente au détail *f* retailing
vente en coopération *f* co-operative selling
vente en gros *f* wholesaling
vente par correspondance *f* mail order (selling)
vente sans intermédiaire *f* direct selling
ventes export *fpl* export sales
ventes sur le marché intérieur *fpl* home sales, domestic sales
ventilation *f* [*de chiffres*] breakdown
ventiler to break down
vérificateur *m* auditor
vérification *f* audit
vérifier to verify; [*comptes*] to audit
versement *m* payment, instalment
versement d'espèces *m* cash deposit
versements échelonnés *mpl* staggered payments
verser to pay; [*à la banque*] to deposit, to pay in
verser qch au crédit de qn to credit sb with sth
verser un acompte to make a down payment
verso *m* reverse
VI (=valeur d'inventaire) *f* balance sheet value, break-up value
via via
vice apparent *m* obvious defect
vice inhérent *m* inherent vice
vice rédhibitoire *m* material defect
vice de fabrication *m* manufacturing defect
vice de forme *m* legal technicality
vices cachés *mpl* hidden defects
vide en retour empty on return
violation de la loi *f* infringement of the law
violer [*loi*] to break

virement bancaire *m* bank transfer
virement SWIFT *m* SWIFT transfer
virement télégraphique *m* cable transfer
virement par courrier *m* mail transfer
virement par télex *m* telex transfer
virer to transfer
viser des livres de commerce to certify the books
viser un effet to stamp a bill
visite douanière *f* customs examination
vitesse de rotation des stocks *f* inventory turnover rate
voie *f* platform; *par voie de terre* surface; *par voie expresse* express delivery; *par voie hiérarchique* through official channels
voiture de livraison *f* delivery van
voiture de marchandises *f* goods van
voiturier *m* carrier
vol *m* theft; [*par avion*] flight
volume annuel de production *m* annual (volume of) production
volume des affaires *m* volume of business
volume des ventes *m* sales volume
voyage d'affaires *m* business trip
voyager pour affaires to travel on business
voyageur de commerce *m* commercial traveller, rep
VPC (=vente par correspondance) *f* mail order (selling)
vrac: en vrac [*marchandise*] loose, in bulk
vu et approuvé seen and approved
vue: à vue at sight

W

wagon de marchandises *m* goods van
warrant *m* warrant, warehouse receipt
warrant cédule *m* warrant
warrantage *m* securing goods by warrant
warranter to secure by warrant, to warrant

Z

ZI (=zone industrielle) *f* industrial estate
zone dollar *f* dollar area
zone franchise *f* duty free zone
zone industrielle *f* industrial estate
zone monétaire *f* monetary area
zone sterling *f* sterling area
zone de libre-échange *f* free-trade area

A

to **abandon to the insurer** délaisser à l'assureur
abroad à l'étranger
to **accept** accepter
to **accept no responsibility** décliner toute responsabilité
acceptable acceptable
acceptance acceptation *f*
acceptance bill traite contre acceptation *f*
acceptance fee commission d'acceptation *f*
accommodation bill traite de complaisance *f*
accordance: in accordance with conforme à, conformément à, en conformité avec
account compte *m*; *payment on account* acompte *m*; *to make a payment on account* donner un acompte; *to pay something on account* donner un acompte
account balance [*status*] situation de compte *f*; [*after audit*] reliquat de compte *m*
account credit avoir de compte *m*
account holder titulaire de compte *mf*
account number numéro de compte *m*
account period terme de liquidation *m*
account position situation de compte *f*
account surplus restant de compte *m*
accounts (department) service comptable *m*
accounts receivable créances *fpl*, créances clients *fpl*
accrued interest intérêt(s) couru(s) *m(pl)*
accruing interest intérêt(s) à échoir *m(pl)*
to **accumulate** accumuler
accumulation accumulation *f*
to **acknowledge receipt of** accuser réception de
acknowledgement of debt reconnaissance de dette *f*
acknowledgement (of receipt) accusé de réception *m*, avis de réception *m*
acquisition acquisition *f*
acquisition cost coût d'acquisition *m*
acquittal acquittement *m*
acquitted acquitté
act of God force majeure *f*; *an act of God* un cas de force majeure
action action *f*; *legal action* action (en justice)
actual dollars dollars courants *mpl*
actuarial actuariel
actuary actuaire *mf*
to **adapt** adapter
to **add** additionner, ajouter
to **add up** additionner

add

to **add up to** se chiffrer à
addendum avenant *m*
adding up addition *f*
addition addition *f*
additional complémentaire, supplémentaire
additional charge supplément de prix *m*
additional clause amendement *m*
additional freight fret supplémentaire *m*
additional premium surprime *f*
additional taxes supplément d'imposition *m*
address adresse *f*; ***address for invoicing*** adresse de facturation *f*
to **address** adresser
address book carnet d'adresses *m*
address label étiquette d'adresse *f*
addressed to destiné à
addressee destinataire *mf*
adequate suffisant
adequate cover couverture suffisante *f*
to **adjust** ajuster
to **adjust an average** répartir une avarie
to **adjust to** s'adapter à
adjustment ajustement *m*
administration administration *f*
administration (department) service administratif *m*
administrative administratif
administrative costs coûts administratifs *mpl*
admission admission *f*
ADR ADR *m*
ad valorem duty droits ad valorem *mpl*
advance [*of money*] avance *f*, avance de fonds *f*; [*down payment*] acompte *m*

to **advance** avancer
advance payment paiement anticipé *m*, paiement d'avance *m*
advertisement annonce *f*; [*for product*] réclame *f*; ***to reply to an advertisement*** répondre à une annonce; ***to put an advertisement in*** insérer une annonce
advertising publicité *f*
advertising publicitaire
advertising agency agence de publicité *f*, bureau de publicité *m*
advertising brochure plaquette publicitaire *f*
advertising campaign campagne publicitaire *f*, campagne de publicité *f*
advertising consultant conseil en publicité *m*
advertising expenditure dépenses publicitaires *fpl*
advertising manager chef de publicité *m*
advertising medium support publicitaire *m*
advertising slogan slogan publicitaire *m*
advertising space espace publicitaire *m*
advertising target cible publicitaire *f*
advice note avis *m*
to **advise** aviser; [*give consultancy*] conseiller
advising bank banque notificatrice *f*
aeroplane avion *m*
affidavit acte de notoriété *m*
affiliated company société affiliée *f*
affirmative answer réponse affirmative *f*
affreightment affrètement *m*
after-sales (department) service après-vente *m*

analysis

after-sales service service après-vente *m*, SAV *m*
after tax après imposition, après impôt
against the dollar par rapport au dollar
agency agence *f*; [*dealership*] concession *f*
agency agreement accord de représentation *m*
agent agent *m*, représentant *m*; [*for product distribution*] concessionnaire *mf*; [*sales representative*] agent commercial *m*
AGM (=annual general meeting) AGO *f*
to **agree** être d'accord
to **agree on** convenir de
to **agree with** être d'accord avec
agreed convenu; *as agreed* comme convenu
agreement accord *m*; [*formal*] convention *f*, entente *f*; *to come to an agreement on* se mettre d'accord sur
agricultural policy politique agricole *f*
ahead: to be ahead of one's competitors devancer ses concurrents
aid organization organisme d'aide *m*
air: by air par avion
air *adj* aérien
air freight fret aérien *m*
to **airfreight** expédier par fret aérien
air freight consignment note récépissé aérien *m*
air freight consolidator groupeur de fret aérien *m*
air freight container conteneur-avion *m*

air freight forwarding agent groupeur de fret aérien *m*
air freight services messageries aériennes *fpl*
airline compagnie d'aviation *f*
airmail: by airmail par avion
airplane *Am* avion *m*
airport aéroport *m*
airport of departure aéroport de départ *m*
airport of destination aéroport de destination *m*
air terminal aérogare *f*
airtight hermétique
air transport transport aérien *m*
airway route aérienne *f*
air waybill lettre de transport aérien *f*, connaissement aérien *m*
alignment of prices alignement des prix *m*
all-in tout compris
all-in price tarif à forfait *m*
"All Risks" clause clause "tous risques" *f*
all-risks insurance assurance tous risques *f*
to **allocate** allouer
ambassador ambassadeur *m*
amended invoice facture rectificative *f*
amendment modification *f*, amendement *m*
amendment of a contract modification d'un contrat *f*
amortized amorti
amount montant *m*
amount due montant dû *m*
amount exclusive of VAT montant hors TVA *m*
to **analyse** analyser
to **analyse a project** étudier un projet
analysis analyse *f*

annual annuel
annual accounts comptes annuels *mpl*
annual earnings [*of company*] recette(s) annuelle(s) *f(pl)*
Annual General Meeting assemblée générale ordinaire *f*, assemblée ordinaire *f*
annual premium prime annuelle *f*
annual report rapport annuel *m*
annual sales figures chiffre d'affaires annuel *m*
annual turnover chiffre d'affaires annuel *m*
annual (volume of) production volume annuel de production *m*
annually par an
answer réponse *f*
to **answer a letter** répondre à une lettre
to **antedate** antidater
anticipated profit profit espéré *m*
to **apologize** s'excuser
apology excuse *f*
apparent: in apparent good order en bon état apparent
to **appear** [*on list etc*] figurer
to **append** ajouter
appendix annexe *f*
applicable applicable
applicant demandeur *m*, postulant *m*
to **apply** appliquer
to **apply to** s'adresser à
appointed attitré
appropriate approprié; *to take appropriate action* agir en conséquence
approval approbation *f*; [*of dealer, distributor*] agrément *m*; *on approval* à l'essai
to **approve** approuver; [*dealer, distributor*] agréer

approximate approximatif
arbiter arbitre *m*
to **arbitrate** arbitrer
arbitration arbitrage *m*
arbitration board commission d'arbitrage *f*
arbitration clause clause d'arbitrage *f*, clause compromissoire *f*
arbitration committee commission d'arbitrage *f*
arbitration ruling décision arbitrale *f*
arbitration tribunal tribunal arbitral *m*
area director directeur régional *m*
area manager directeur régional *m*
area of operations branche d'activité *f*
argument [*for or against something*] argumentation *f*
arrangement arrangement *m*; [*with creditors*] accommodement *m*
arrears arrérages *mpl*, arriéré *m*; *in arrears* [*payment*] arriéré
arrival quay quai d'arrivée *m*
article article *m*
articulated lorry semi-remorque *m*
as-new comme neuf
as per bill of lading suivant connaissement
as per invoice selon facture
asap (=as soon as possible) dans les plus brefs délais
to **ask for** demander
assembly montage *m*
to **assess** évaluer
to **assess the damage** évaluer les dégâts
assessment of the damage évaluation des dégâts *f*
assets actif *m*

AWB

assignment [*of asset*] cession *f*; [*task*] mission *f*
assignment of accounts receivable transfert de créances *m*
assignment of debts transfert de créances *m*
association association *f*
assured [*person insured*] assuré *m*
ATA carnet carnet ATA *m*
attached to annexé à
to **attack a market** attaquer un marché
to **attend** assister à
attention: for the attention of à l'attention de
attorney *Am* avocat *m*
auction rooms salle des ventes *f*
audit audit *m*, vérification *f*
to **audit** apurer, vérifier
auditor vérificateur *m*; *firm of auditors* cabinet d'audit *m*
to **authenticate** authentifier
to **authenticate a signature** légaliser une signature
authenticated signature signature légalisée *f*
authentication authentification *f*; [*of signature*] légalisation *f*
authenticity authenticité *f*
authority autorité *f*
authorization autorisation *f*
to **authorize** autoriser
to **authorize a payment** ordonnancer un paiement
to **authorize a price** homologuer un prix
authorized autorisé; [*dealer, distributor*] agréé; *authorized to sign* habilité à signer
authorized customs broker commissionnaire agréé en douane *m*
authorized distributor distributeur agréé *m*
authorized representative agent mandataire *m*
availability disponibilité *f*
available disponible; *to make funds available* débloquer des fonds; *to make credit available* dégager des crédits
available balance solde disponible *m*
available capital capitaux disponibles *mpl*
available for delivery livraison immédiate *f*
aval aval bancaire *m*
to **avalize** avaliser
average moyenne *f*
average moyen
average gross profit margin marge commerciale moyenne *f*
average unit cost coût moyen unitaire *m*
to **avoid bankruptcy** éviter la faillite, échapper à la faillite
to **avoid tax** échapper à l'impôt
awaiting collection en souffrance
award [*of contract*] adjudication *f*
to **award** [*contract*] adjuger; **party awarded the contract** l'adjudicataire *mf*; **party awarding the contract** adjudicateur *m*
AWB (=Air Waybill) LTA *f*

B

to **backdate** antidater
back-dated rétroactif
backhander pot-de-vin *m*, dessous-de-table *m*
back of a bill dos d'un effet *m*
back to back credit crédit back to back *m*
backer bailleur de fonds *m*
backwardation déport *m*
BACS (=bank automated credit service) système automatisé de transfert de fonds *m*
baillif huissier *m*
balance solde *m*; [*remainder*] restant *m*
to **balance** équilibrer
balance due solde dû *m*
balance of an account [*status*] situation d'un compte *f*; [*after audit*] reliquat d'un compte *m*
balance of payments balance des paiements *f*
balance of trade balance commerciale *f*
balance sheet bilan *m*, bilan comptable *m*
bank banque *f*
bank *adj* bancaire, de banque
to **bank with** avoir un compte à
bank account compte bancaire *m*; *to have a bank account* avoir un compte en banque
bank advice note avis de la banque *m*
bank balance situation de compte *f*
bank base rate taux de base bancaire *m*
bank borrowings concours bancaire *m*
bank branch code code guichet *m*
bank charge commission bancaire *f*
bank charges frais de tenue de compte *mpl*, frais de banque *mpl*
bank cheque chèque bancaire *m*
bank commission commission bancaire *f*
bank credit crédit bancaire *m*
bank details relevé d'identité bancaire *m*, RIB *m*
bank draft traite bancaire *f*
bank guarantee garantie bancaire *f*, caution de banque *f*
bank interest intérêt bancaire *m*
bank loan prêt bancaire *m*
bank manager directeur de banque *m*
banknote billet de banque *m*
bank notification avis de la banque *m*
bank overdraft découvert bancaire *m*
bank references références bancaires *fpl*
bank sort code code banque *m*
bank statement extrait de compte *m*, relevé de compte *m*

blank cheque

bank transactions transactions bancaires *fpl*
bank transfer virement bancaire *m*
bank transfer advice avis de virement *m*
bankable paper papier bancable *m*
banker banquier *m*
banker's draft chèque de banque *m*
banking *adj* bancaire
banking consortium consortium de banques *m*
banking controls contrôle bancaire *m*
banking law droit bancaire *m*
bankrupt failli *m*; *to go bankrupt* faire faillite; *to be bankrupt* être en faillite
bankruptcy faillite *f*; [*fraudulent*] banqueroute *f*
bankruptcy proceedings procédure de faillite *f*
bar code code (à) barre *m*, code barres *m*
bar code reader lecteur de code barre *m*
bargain bonne affaire *f*
to **bargain** marchander
bargaining marchandage *m*
barge péniche *f*
barter troc *m*
to **barter** troquer
basic de base
basic (insurance) cover assurance de garantie de base *f*
basic rate tarif de base *m*
basic risk risque de base *m*
basis base *f*
basis of calculations base de calcul *f*
batch lot *m*
B/E (=bill of exchange) lettre de change *f*, effet *m*
to **bear the costs** supporter les frais, assumer les frais
bearer porteur *m*; *made out to bearer* libellé au porteur
bearer bill effet au porteur *m*
bearer bond titre au porteur *m*
bearer cheque chèque au porteur *m*
bearer of a bill porteur d'un effet *m*
before tax hors taxe, HT, avant imposition
behalf: on behalf of pour
below ci-après, ci-dessous
beneficiary bénéficiaire *mf*
benefit in kind avantage en nature *m*
berth quai *m*
to **berth** arriver à quai
best before date date limite de consommation *f*
bid offre *f*, soumission *f*
to **bid up the price of goods** enchérir sur le prix des marchandises
bid bond caution de soumission *f*
bilateral agreement accord bilatéral *m*
bill [*invoice*] facture *f*; [*commercial*] effet *m*
bill for collection effet à l'encaissement *m*
bill made out to bearer effet au porteur *m*
bill of exchange lettre de change *f*
bill of lading connaissement *m*, connaissement maritime *m*
bill of sale contrat d'achat *m*
bill "without protest" traite "sans frais" *f*
billing facturation *f*
bills for collection form formulaire d'encaissement *m*
binding [*contract*] qui engage
blank: to leave blank laisser blanc, ne pas remplir
blank cheque chèque en blanc *m*

block

to **block** bloquer
blocked account compte bloqué *m*
blocked cheque chèque bloqué *m*
board [*of company*] conseil d'administration *m*
board of inquiry commission d'enquête *f*
body organisme *m*
body corporate personne morale *f*
bond: in bond en entrepôt, entreposé en douane
bond [*financial*] obligation *f*
to **bond** entreposer en douane
bond note titre d'obligation *m*
bonded en entrepôt, entreposé en douane
bonded warehouse entrepôt de douane *m*
bonded warehousing entreposage en douane *m*
bonder entrepositaire *m*
bonding entreposage en douane *m*
bonus bonus *m*
book-keeping tenue des livres *f*
book value valeur comptable *f*
booking réservation *f*
boom boom *m*
to **boost production** relancer la production
to **boost the economy** relancer l'économie
border frontière *f*
to **borrow** emprunter; *to* **borrow** *money from* emprunter de l'argent à
to **borrow against** emprunter sur
borrower emprunteur *m*
borrowing capacity capacité à emprunter *f*, capacité d'endettement *f*
borrowing rate taux d'emprunt *m*
BOTB (=**British Overseas Trade Board**) Office britannique du commerce extérieur *m*
to **bounce: cheque that bounces** chèque sans provision *m*
bound by contract lié par contrat
boycott boycott *m*
to **boycott** boycotter
brake on growth frein à l'expansion *m*
branch succursale *f*; [*of bank*] agence *f*
branch manager directeur de succursale *m*
brand image image de marque *f*
brand loyalty fidélité à une marque *f*
brand manager directeur de produit *m*
brand name marque de fabrique *f*
brand recognition identification de marque *f*
breach of contract rupture de contrat *f*
to **break** [*law*] violer
to **break down** [*figures*] ventiler; [*negotiations*] échouer
to **break off negotiations** rompre des négociations
breakage casse *f*
breakdown [*of figures*] ventilation *f*
breakdown of negotiations échec des négociations *m*
breakeven point chiffre d'affaires critique *m*, seuil de rentabilité *m*, point mort *m*
break-up value valeur d'inventaire *f*, VI *f*
bribe pot-de-vin *m*, dessous-de-table *m*
bribery corruption *f*; [*bribes*] pots-de-vin *mpl*
to **brief** briefer
briefing briefing *m*
to **bring a product into line with**

business relations

standards mettre un produit aux normes
to **bring an action** introduire une action en justice
to **bring in goods** entrer des marchandises
to **bring onto the market** introduire sur le marché
brochure brochure *f*
broker courtier *m*
brokerage courtage *m*
brokerage (fee) droit de courtage *m*
brown wrapping paper (papier) kraft *m*
Brussels convention convention de Bruxelles *f*
budget budget *m*
budget *adj* budgétaire
budget allocation enveloppe budgétaire *f*
budget deficit déficit budgétaire *m*
budgetary budgétaire
budgeting budgétisation *f*
buffer stock stock de sécurité *m*, stock stratégique *m*
building society *equivalent to* crédit foncier *m*
bulk: in bulk [*merchandise*] en vrac; [*buy*] en gros
bulk cargo cargaison en vrac *f*
bulk order grosse commande *f*
bulky encombrant
bulletin bulletin *m*
bullion or en barres *m*, or en lingots *m*
bunker adjustment factor ajustement fret *m*
bus station gare routière *f*
business [*affair, matter*] affaire *f*; [*company*] entreprise *f*, firme *f*; [*line of business*] activité *f*; [*activity*] affaires *fpl*; **business for sale** fonds de commerce à vendre; *to do business* faire des affaires; *to be away on business* être en voyage d'affaires
business commercial, d'affaires
business assignment mission commerciale *f*
business card carte de visite *f*
business concern exploitation commerciale *f*
business cycle temps de cycle *m*
business documentation documentation commerciale *f*
business documents documents commerciaux *mpl*
business enterprise entreprise commerciale *f*
business environment environnement commercial *m*
business expansion extension du commerce *f*
business failure défaillance d'entreprise *f*
business letter lettre commerciale *f*
business lunch déjeuner d'affaires *m*
businessman homme d'affaires *m*
business management gestion d'entreprise *f*; [*study*] économie d'entreprise *f*
business manager gérant d'affaires *m*
business meeting rendez-vous d'affaires *m*
business people gens d'affaires *mpl*
business premises locaux commerciaux *mpl*
business recovery reprise des affaires *f*
business relations rapports commerciaux *mpl*, relations d'affaires *fpl*, relations commerciales *fpl*

business school

business school école de commerce *f*
business strategy stratégie commerciale *f*
business transactions transactions commerciales *fpl*
business trip voyage d'affaires *m*
businesswoman femme d'affaires *f*
to buy acheter
to buy forward acheter à terme
to buy spot acheter au comptant
buyback rachat *m*

buyer acheteur *m*
buyer credit crédit-acheteur *m*
buyer credit guarantee garantie de crédit-acheteur *f*
buying department service des achats *m*
buying office centrale d'achat *f*
bylaws [*Am: of company*] statuts de société *mpl*
by-product sous-produit *m*

C

C/A (=checking account) *Am* C/C *m*, CCB *m*
C/A (=cheque account) C/C *m*, CCB *m*
C/A (=current account) C/C *m*, CCB *m*
CABAF (=Currency Adjustment Bunker Adjustment Factor) ajustement devise-fret *m*
cable transfer virement télégraphique *m*
CAD (=cash against documents) comptant contre documents *m*
to calculate calculer
calculation calcul *m*
calendar year année civile *f*
to call sb appeler qn au téléphone, téléphoner à qn
call for tenders appel d'offres *m*
callable remboursable
callout maintenance insurance assurance maintenance visite *f*
to cancel annuler
to cancel a cheque annuler un chèque
to cancel a contract annuler un contrat, résilier un contrat
to cancel a deal annuler un marché
to cancel a debt remettre une dette
to cancel a loan annuler un crédit
to cancel an order annuler une commande
to cancel as of right résilier de plein droit

cancellation annulation *f*; [*of contract*] annulation *f*, résiliation *f*
cancellation clause clause d'annulation *f*
to **canvass** prospecter
to **canvass a client** démarcher un client
canvasser démarcheur *m*
canvassing démarchage *m*
capacity contenance *f*
capital [*assets*] avoir *m*, capital *m*
capital expenditure dépenses en capital *fpl*, dépenses en immobilisations *fpl*
capital gain plus-value *f*
capital gains tax impôt sur la plus-value *m*
capital loss moins-value *f*
capital share part sociale *f*
captive market marché captif *m*
card [*business card*] carte de visite *f*
cardboard carton *m*
cardboard *adj* en carton
cargo cargaison *f*
cargo afloat cargaison flottante *f*
cargo insurance assurance sur facultés *f*
cargo list bordereau de chargement *m*
cargo plane avion cargo *m*
cargo ship cargo *m*
cargo space espace cargo *m*
cargo vessel cargo *m*
carriage frais de port *mpl*
carriage forward port dû, port avancé
carriage free franco de port, franc de port
carriage insurance paid port payé, assurance comprise
carriage paid port payé
carrier transporteur *m*

to **carry goods** transporter des marchandises
to **carry out** exécuter
cartel cartel *m*
cash argent comptant *m*, argent liquide *m*; **to buy for cash** acheter (au) comptant; **to pay cash** payer (au) comptant
to **cash** encaisser
to **cash a cheque** encaisser un chèque
cash against documents comptant contre documents *m*
cash balance reliquat de caisse *m*; [*status*] situation de caisse *f*
cash deal marché au comptant *m*
cash deposit versement d'espèces *m*, dépôt d'espèces *m*
cash discount escompte de caisse *m*
cash expenditure dépenses de caisse *fpl*
cashflow flux de trésorerie *m*
cash in hand argent en caisse *m*
cash in till encaisse *f*
cash on delivery paiement à la livraison *m*
cash on hand argent en caisse *m*
cash payment paiement au comptant *m*, paiement comptant *m*, paiement en espèces *m*
cash position situation de caisse *f*
cash purchase achat au comptant *m*, achat contre espèces *m*
cash receipt reçu d'espèces *m*
cash receipts and payments rentrées et sorties de caisse *fpl*
cash surplus restant en caisse *m*
cash transaction marché au comptant *m*
cash voucher pièce de caisse *f*, PC *f*
cash with order paiement à la commande *m*
cash withdrawal retrait d'espèces *m*

cashable

cashable encaissable
cashier's check *Am* chèque de banque *m*
catalogue catalogue *m*
category catégorie *f*
to **cease trading** cesser toute activité commerciale
ceiling plafond *m*; *to raise the ceiling on a credit limit* déplafonner un crédit
central central
central account compte centralisateur *m*
central bank banque centrale *f*
central buying group centrale d'achat *f*
central purchasing department centrale d'achat *f*
central purchasing group centrale d'achat *f*
centralization centralisation *f*
to **centralize** centraliser
CEO (=chief executive officer) PDG *m*
certificate certificat *m*
certificate of deposit certificat de dépôt *m*
certificate of dishonour certificat de non-paiement *m*
certificate of insurance attestation d'assurance *f*
certificate of origin certificat d'origine *m*
certificate of value certificat de valeur *m*
certification certification *f*; [*of product*] homologation *f*
certified authentique; [*dealer, distributor*] agréé
certified by a notary notarié
certified cheque chèque certifié *m*
certified copy copie authentique *f*

certified invoice facture certifiée *f*
certified true copy copie certifiée conforme *f*
to **certify** certifier
to **certify documents** légaliser des documents
to **certify the books** viser des livres de commerce
C&F (=cost and freight) C et F
chain store magasin à succursales multiples *m*
Chamber of Commerce Chambre de commerce *f*
Chamber of Commerce and Industry Chambre de commerce et de l'industrie *f*
change modification *f*
change in stock variation de stock *f*
Channel: the (English) Channel la Manche
Channel port port sur la Manche *m*
Channel Tunnel tunnel sous la Manche *m*
channels: to go through channels passer par la voie hiérarchique
channels of communication canaux de communication *mpl*
charge [*to account*] imputation *f*; *is there a charge for delivery?* est-ce qu'il faut payer la livraison ?; *to be in charge of* être chargé de
to **charge a refundable deposit on** consigner
charge card carte accréditive *f*
charge to imputation à *f*
chargeable [*to an account*] imputable
chargeable weight poids de taxation *m*
charter affrètement *m*
charter *adj* affrété, nolisé
to **charter** affréter, fréter, noliser

94

closing

charterer affréteur *m*
chartering affrètement *m*, nolisement *m*
chartering broker courtier d'affrètement *m*
to **chase up a debtor** relancer un débiteur
check *Am* chèque *m*
to **check** contrôler
to **check inflation** juguler l'inflation
to **check off goods** recenser des marchandises
checking account *Am* compte chèque *m*
cheque chèque *m*
cheque made out to bearer chèque au porteur *m*
cheque No. CH Nº
cheque number numéro de chèque *m*
CHGS (=charges) frais *mpl*
chief executive officer président-directeur général *m*
CIF (=cost insurance freight) CAF
CIM Convention (=International Convention concerning the carriage of goods by rail) Convention CIM *f*
CIM waybill lettre de voiture CIM *f*
circulation of currency circulation des devises *f*
circulation of goods circulation des marchandises *f*
circumstances circonstances *fpl*
circumstances beyond our control circonstances indépendantes de notre volonté
civil commotion agitation sociale *f*
civil law droit civil *m*
claim réclamation *f*; ***to make a claim against*** faire une réclamation auprès de
to **claim** réclamer
to **claim damages** réclamer des dommages et intérêts
claim for damages demande en dommages-intérêts *f*
claimant réclamant *m*
claims book livre des réclamations *m*
claims cover garantie de recours *f*
class classe *f*
classified ad petite annonce *f*
clause clause *f*
clause of a/the contract clause contractuelle *f*
claused bill connaissement clausé *m*
clawback récupération *f*
clean bill connaissement net *m*
clean on board net de réserves à bord
clear: one clear day un jour franc
to **clear** [*cheque*] compenser
to **clear customs** être dédouané
to **clear sth through customs** dédouaner qch
clearance [*customs*] dédouanement *m*
cleared amount valeur compensée *f*
cleared cheque chèque compensé *m*
cleared through customs dédouané
clearing [*of cheque*] compensation *f*; [*customs*] dédouanement *m*
clearing bank banque compensatrice *f*
clerk préposé *m*
clerk of the works conducteur de travaux *m*
client client *m*
client list liste de clients *f*
clientele clientèle *f*
to **close a deal** arrêter un marché
to **close an account** fermer un compte
closing fermeture *f*

95

closing balance

closing balance solde de compte *m*
closing of account clôture de compte *f*
closing rate cours de clôture *m*
closing stock stock final *m*
closing time heure de fermeture *f*
CMI CMI *f*
CMR Convention (=Convention on the contract for international carriage of goods by road) convention CMR *f*
CMR waybill lettre de voiture CMR *f*
COD (=cash on delivery) paiement à la livraison *m*
code code *m*
co-insurance coassurance *f*
co-insurer coassureur *m*
cold storage dock dock frigorifique *m*
cold store entrepôt frigorifique *m*
coll [*on waybill*] dû
collect port dû
to **collect** [*goods*] enlever; [*taxes*] percevoir; [*debts*] recouvrer
collection [*of goods*] enlèvement *m*; [*of bill*] encaissement *m*; [*of debts*] recouvrement *m*
collection and delivery enlèvement et livraison *m*
collection charge [*for bill*] commission de paiement *f*, commission d'encaissement *f*
collection department service de recouvrement *m*
collection fee [*for bill*] commission de paiement *f*, commission d'encaissement *f*
collection of customs duties perception douanière *f*
collection of goods enlèvement de marchandises *m*

collective bargaining négociation collective *f*
combined transport bill of lading connaissement de transport combiné *m*
combined transport company entrepreneur de transport combiné *m*, ETC *m*
combined transport document document de transport combiné *m*
to **come to an agreement on** se mettre d'accord sur
commerce commerce *m*
commercial commercial
commercial attaché attaché commercial *m*
commercial bank banque commerciale *f*
commercial bill effet de commerce *m*
commercial centre place commerciale *f*
commercial department service commercial *m*
commercial director directeur commercial *m*
commercial document document commercial *m*
commercial invoice facture commerciale *f*
commercial law droit commercial *m*
commercial legislation législation commerciale *f*
commercial licence agreement contrat de concession commerciale *m*
commercial manager directeur commercial *m*
commercial monopoly trust commercial *m*
commercial paper effets de commerce *mpl*

commercial trade trafic commercial *m*
commercial traveller représentant de commerce *m*, commis voyageur *m*, voyageur de commerce *m*
commission commission *f*; [*on exchange*] commission de change *f*; **on a commission basis** au pourcentage
commission agent représentant à la commission *m*
commission costs frais de commission *mpl*
commission note note de commission *f*
commissioning [*of new plant etc*] mise en exploitation *f*
commitment engagement *m*; ***without any commitment on your part*** sans aucun engagement de votre part
commodity produit *m*
commodity price list mercuriale *f*
common carrier transporteur public *m*
common law droit coutumier *m*
Common Market Marché Commun *m*
Community [*EC*] communautaire
Community law droit communautaire *m*
Community transit transit communautaire *m*
company société *f*, entreprise *f*
company cheque chèque d'entreprise *m*
company name raison sociale *f*, dénomination sociale *f*
company registration number numéro d'enregistrement de société *m*

company secretary secrétaire général *m*
company signature (and stamp) signature sociale *f*
comparative comparatif
comparative advertising publicité comparative *f*
comparative study étude comparative *f*
compensable indemnisable
compensable loss perte indemnisable *f*
to **compensate** indemniser, dédommager; ***to be compensated for*** être dédommagé de; ***to compensate sb for sth*** indemniser qn de qch
compensation indemnisation *f*, dédommagement *m*; [*money*] indemnité *f*, dommages-intérêts compensatoires *mpl*
compensation for loss of custom indemnité de clientèle *f*
to **compete with** concurrencer, rivaliser avec
competition concurrence *f*; ***to be ahead of the competition*** devancer ses concurrents
competitive concurrentiel, compétitif
competitiveness compétitivité *f*
competitor concurrent *m*
to **complain** faire une réclamation
complaint réclamation *f*; ***to make a complaint*** faire une réclamation
to **complete** achever
to **complete a form** remplir un formulaire
completion achèvement *m*
completion date date d'achèvement *f*
compliance test test de conformité *m*

compliments

compliments: with the compliments of avec les compliments de
to **comply with** se conformer à
to **comply with a contract** respecter un contrat
to **comply with a request** accéder à une demande
composition [*with creditors*] accommodement *m*
compound interest intérêts composés *mpl*
comprehensive insurance assurance tous risques *f*, assurance multirisque *f*
comprehensive policy police tous risques *f*, police multirisque *f*
comprehensive site insurance assurance tous risques chantiers *f*
compromise compromis *m*
to **compromise** compromettre
compulsory obligatoire
compulsory cover garanties obligatoires *fpl*
computerized customs clearance system système d'ordinateurs pour le fret international *m*, SOFI *m*
concession concession *f*
concessionaire concessionnaire *mf*
condition [*of contract*] condition *f*, terme *m*; [*of goods*] état *m*; *on condition that* à la condition que; *in good condition* en bon état
conditional acceptance acceptation sous réserve *f*
conditions of carriage conditions de transport *fpl*
conditions of sale conditions de vente *fpl*
conditions of trade conditions commerciales *fpl*
conference conférence *f*

conference line ligne maritime de conférence *f*
conference room salle de conférence *f*
conference ship navire de conférence *m*
confidential confidentiel
confidentiality confidentialité *f*
to **confirm** confirmer
confirmation confirmation *f*; *in confirmation of* en confirmation de
confirmation fee commission de confirmation *f*
confirmation of order confirmation de commande *f*
confirmed credit crédit confirmé *m*
confirmed irrevocable letter of credit lettre de crédit irrévocable confirmé *f*
confirming bank banque confirmatrice *f*
confirming house organisme confirmateur *m*
to **confiscate** confisquer
confiscation confiscation *f*
consent consentement *m*
to **consent to** consentir à
to **consign goods** consigner des marchandises
consignee consignataire *mf*, destinataire *mf*, réceptionnaire *mf*
consignment consignation *f*; [*goods*] envoi *m*, arrivage *m*; *on consignment* en consignation
consignment note avis d'expédition *m*, bon d'expédition *m*
consignment of goods expédition de marchandises *f*, envoi de marchandises *m*, arrivage de marchandises *m*

contractual liability

consignor expéditeur *m*
to **consolidate** grouper
consolidated groupé
consolidation for export groupement à l'export *m*
consolidator groupeur *m*
consortium consortium *m*
constant constante *f*
consul consul *m*
consul general consul général *m*
consular fees frais consulaires *mpl*
consular invoice facture consulaire *f*
consulate consulat *m*
to **consult** consulter
consultancy [*firm*] cabinet conseil *m*
consultant conseiller *m*, consultant *m*
consumable supplies fournitures consommables *fpl*
consumables articles de consommation *mpl*, biens consommables *mpl*
consumer consommateur *m*
consumer credit crédit au consommateur *m*, crédit à la consommation *m*
consumer demand demande des consommateurs *f*
consumer durables biens durables *mpl*
consumer goods produits de grande consommation *mpl*, articles de consommation *mpl*
consumer market marché grand public *m*, MGP *m*
consumer panel panel de consommateurs *m*
consumer test group groupe test de consommateurs *m*
consumption consommation *f*
contact contact *m*; [*agent*] agent de contact *m*

to **contact: I'll contact you next week** je prendrai contact avec vous la semaine prochaine; *where can I contact you?* où puis-je vous joindre ?
to **contain** contenir
container conteneur *m*, container *m*
container depot dépôt pour conteneurs *m*
container port port pour conteneurs *m*
container ship navire porte-conteneurs *m*, porte-conteneurs *m*
containerization conteneurisation *f*
to **containerize** conteneuriser
contents contenu *m*
contents list liste du contenu *f*
to **contest** contester
contested debt créance litigieuse *f*
contract contrat *m*; *to be awarded the contract* être l'adjudicataire
to **contract debts** contracter des dettes
contract-awarding party adjudicateur *m*
contract documents documents de contrat *mpl*
contract guarantee garantie de contrat *f*
contract law droit des contrats *m*
contracting party contractant *m*, cocontractant *m*
contractor entrepreneur *m*; [*of company*] sous-traitant *m*
contractual contractuel
contractual cover garantie contractuelle *f*
contractual date date contractuelle *f*
contractual guarantee garantie contractuelle *f*
contractual liability responsabilité contractuelle *f*

contractual obligation

contractual obligation obligation contractuelle *f*
contractual price prix contractuel *m*
contrary to the terms of the contract contraire au contrat
to **contribute to** contribuer à
control contrôle *m*
to **control** contrôler
convenience: at your own convenience à votre convenance; *at your earliest convenience* dès que possible
convention congrès *m*
conversion rate taux de conversion *m*
to **convert** convertir
to **convert francs into dollars** convertir des francs en dollars
convertibility convertibilité *f*
convertible convertible
convertible currency devise convertible *f*
convertible money of account monnaie de compte convertible *f*
to **cooperate** coopérer
co-operation coopération *f*
co-operative coopératif
co-operative credit society coopérative de crédit *f*
co-operative selling vente en coopération *f*
coordination coordination *f*
coordinator coordinateur *m*
co-owner copropriétaire *mf*
co-ownership copropriété *f*
copy exemplaire *m*
to **copy sb with sth** faire parvenir une copie de qch à qn
copy of a contract exemplaire d'un contrat *m*
to **corner the market** accaparer le marché

corporate body personne morale *f*
corporation tax impôt sur les sociétés *m*, IS *m*
to **correct** corriger
correction correction *f*
to **correspond with** correspondre avec
correspondence correspondance *f*
correspondent bank account compte de correspondant *m*
corrugated cardboard carton ondulé *m*
co-signatory cosignataire *mf*
cost coût *m*; *at cost* à prix coûtant
to **cost** coûter
cost and freight coût et fret *m*
cost assessment évaluation du coût *f*
cost escalation clause clause d'indexation *f*
cost factor facteur coût *m*
cost insurance freight coût assurance fret *m*
cost overrun dépassement de coût *m*
cost plus à coût majoré
cost price prix coûtant *m*, prix de revient *m*, coût de revient *m*; *at cost price* à prix coûtant
costly onéreux
costs frais *mpl*
count décompte *m*
to **count** compter
counter-appraisal *Am* contre-expertise *f*
counterfeiter faussaire *mf*
counter-offer contre-offre *f*
counterpurchase contre-achat *m*
to **countersign** contresigner
countertrade commerce d'échange *m*
countervaluation contre-expertise *f*
country of destination pays de destination *m*

country of origin pays d'origine *m*
coupon bon *m*, coupon *m*
courier [*international*] courrier *m*; [*local*] coursier *m*
court tribunal *m*; *out of court* à l'amiable
Court of Appeal Cour d'Appel *f*
Court of Justice Cour de Justice *f*
court ruling décision de justice *f*
cover couverture *f*, garantie *f*
to **cover** couvrir
to **cover a loss** couvrir un déficit
to **cover an overdraft** couvrir un découvert
cover clause clause de garantie *f*
cover note note de couverture *f*
covered garanti, couvert
covering document feuille d'accompagnement *f*
covering letter lettre d'accompagnement *f*
crane grue *f*
crate caisse *f*
credential accréditif *m*
credit crédit *m*; [*in account*] avoir *m*; *on credit* à crédit; *to be in credit* être créditeur; *account in credit* compte créditeur *m*; *to give credit* faire crédit
credit *adj* [*purchase*] à crédit; [*balance*] créditeur
to **credit** créditer
to **credit an account** créditer un compte
to **credit an amount to an account** porter un montant au crédit d'un compte
to **credit sb with an amount** verser un montant au crédit de qn
credit advice avis de crédit *m*
credit application demande d'ouverture de crédit *f*

credit application form formule de crédit *f*
credit balance solde créditeur *m*
credit bank banque de crédit *f*
credit card carte de crédit *f*
credit ceiling plafond du crédit *m*
credit control contrôle du crédit *m*
credit controller contrôleur du crédit *m*
credit freeze gel de crédits *m*
credit guarantee institution caisse de garantie *f*
credit institution institut de crédit *m*, institution de crédit *f*
credit instrument instrument de crédit *m*
credit insurance assurance crédit *f*
credit limit limite de crédit *f*
credit line ligne de crédit *f*
credit margin marge de crédit *f*
credit note note de crédit *f*, avoir *m*
credit period délai de crédit *m*, délai de paiement *m*
credit policy politique de crédit *f*
credit purchase achat à crédit *m*
credit rating notation *f*
credit restriction encadrement du crédit *m*
credit sale vente à crédit *f*
credit squeeze resserrement du crédit *m*
credit standing solvabilité *f*
credit terms conditions de crédit *fpl*
credit-worthiness solvabilité *f*
credit-worthy solvable
credited with crédité de
creditor créancier *m*, créditeur *m*
CRN (=**customs registered number**) numéro d'enregistrement douanier *m*
crossed cheque chèque barré *m*
CSC plate plaque CSC *f*

cubic capacity

cubic capacity cube *m*
cubic measurement cubage *m*
cumulative credit crédit cumulé *m*
currency devise *f*
Currency Adjustment Bunker Adjustment Factor ajustement fret-devise *m*
currency adjustment factor correctif d'ajustement monétaire *m*
currency conversion conversion de monnaies *f*
currency fluctuation mouvement des devises *m*
currency transfer transfert de devises *m*
current actuel
current account compte courant *m*, compte chèque *m*
current account with a bank compte courant bancaire *m*
current account with the post office compte courant postal *m*
current assets actif circulant *m*
current expenditure(s) dépenses courantes *fpl*
current value valeur actuelle *f*
custom achalandage *m*
customer client *m*
customer credit avoir-client *m*
customer list liste de clients *f*
customer loyalty fidélisation de la clientèle *f*; *to create customer loyalty* fidéliser la clientèle
customer record fiche client *f*
customer relations relations avec les clients *fpl*
customer service service clientèle *m*
customer service (department) service clientèle *m*
customers clientèle *f*
customs douane *f*
customs *adj* douanier

customs agent commissionnaire en douane *mf*
customs allowance tolérance douanière *f*
Customs and Excise department régie des impôts indirects *f*
Customs and Excise law législation douanière *f*
customs barriers barrières douanières *fpl*
customs broker's fees honoraires d'agrée en douane *mpl*
customs clearance dédouanement *m*
customs clearance area aire de dédouanement *f*
customs clearance authorization autorisation de dédouanement *f*
customs declaration déclaration en douane *f*
customs drawback ristourne de droits de douane *f*
customs duties droits de douane *mpl*
customs examination contrôle douanier *m*
customs formalities formalités douanières *fpl*
customs inspector inspecteur des douanes *m*
customs invoice facture douanière *f*
customs legislation législation douanière *f*
customs manifest manifeste de douane *m*
customs nomenclature nomenclature douanière *f*, nomenclature générale des produits *f*
customs office bureau de douane *m*
customs officer préposé de la douane *m*, douanier *m*
customs papers dossier de douane *m*
customs permit permis de douane *m*

customs procedure procédure douanière *f*
customs receipt acquit de douane *m*
customs regulations règlements douaniers *mpl*, réglementation douanière *f*
customs system régime douanier *m*, système douanier *m*
customs tariff tarif douanier *m*
customs union union douanière *f*
customs value valeur en douane *f*
cut-throat competition concurrence acharnée *f*
CWO (=cash with order) paiement à la commande *m*
cwt (=hundredweight) cent douze livres

D

d/a (=documents against acceptance) D/A
daily quotidien
daily takings recette journalière *f*
damage dégâts *mpl*, avarie *f*
to **damage** endommager
damage report déclaration de sinistre *f*
damage suffered préjudice subi *m*
damage to property dommage matériel *m*
damaged endommagé, avarié
damaged goods marchandises avariées *fpl*
damaged in transit abîmé en cours de route
damages dommages-intérêts *mpl*, intérêts compensatoires *mpl*
damages report constat de dommages *m*
dangerous goods marchandises dangereuses *fpl*
dangerous goods form formulaire pour marchandises dangereuses *m*
date date *f*; *to date* à ce jour
to **date** dater
date of completion date d'achèvement *f*
date of dispatch date d'envoi *f*, date d'expédition *f*
date of issue date d'émission *f*
dated: your letter dated votre lettre en date du; *letter dated the* lettre datée du
dated this day en date de ce jour
day of grace jour de grâce *m*
days of grace délai de grâce *m*
deadline date limite *f*

deadline

deadline for submitting claims délai de réclamation *m*
deadweight port en lourd *m*
deal marché *m*, affaire *f*
to **deal with** traiter avec, avoir affaire à; [*look after*] s'occuper de
dealer marchand *m*; [*sole distributor*] concessionnaire *mf*
dealership concession *f*
debit débit *m*; *to the debit of* au débit de
debit *adj* débiteur
to **debit** débiter
to **debit an account** débiter un compte
to **debit an amount to an account** porter un montant au débit d'un compte, débiter un compte d'un montant
debit advice avis de débit *m*
debit balance solde débiteur *m*, solde déficitaire *m*
debit note note de débit *f*, facture de débit *f*
debt dette *f*; [*to be recovered*] créance *f*; *in debt* endetté; *to get into debt* s'endetter
debt collection recouvrement de créances *m*
debt collection agency agence de recouvrement de dettes *f*
debt instrument titre de créance *m*
debt servicing service de la dette *m*
debtor débiteur *m*
decentralization décentralisation *f*
to **decentralize** décentraliser
to **decide on sth** adopter une décision concernant qch
decimal décimal
decision décision *f*; *to give a decision* se prononcer; *to make a decision* prendre une décision

decision by arbitration décision arbitrale *f*
decision-maker décideur *m*
deck pont *m*
deck cargo pontée *f*
declaration of value déclaration de valeur *f*
to **declare** déclarer
to **declare a moratorium** décréter un moratoire
declared déclaré
deconsignment déconsignation *f*
decrease diminution *f*
to **decrease** diminuer
decreasing rate taux dégressif *m*
to **deduct** déduire
to **deduct a commission** prélever une commission
to **deduct a sum of money** défalquer une somme
to **deduct taxes** prélever des taxes
deductibility déductibilité *f*
deductible déductible
deduction déduction *f*; [*of commission, taxes*] prélèvement *m*
deduction of a sum décompte d'une somme *m*
deduction of tax at source prélèvement libératoire *m*
deed acte *m*
deed of sale acte de vente *m*
default défaut *m*, défaillance *f*
default interest intérêts moratoires *mpl*
default on payment défaut de paiement *m*
defaulting défaillant
defect défaut *m*, vice *m*
defective défectueux
to **defer** renvoyer
to **defer payment** différer le paiement
deferral renvoi

deferred renvoyé
deferred payment paiement différé *m*
deficit déficit *m*
deflation déflation *f*
deflationary déflationniste
to **defraud** frauder
defrauder fraudeur *m*
degree degré *m*
del credere ducroire *m*
del credere agent commissionnaire ducroire *m*
del credere clause clause ducroire *f*
delay retard *m*
to **delay payment** retarder le paiement
delay in delivery retard à la livraison *m*
delegate délégué *m*
delegation délégation *f*
to **deliver** livrer
to **deliver at a fixed term** livrer à terme fixe
to **deliver to domicile** livrer à domicile
delivered at domicile rendu à domicile
delivered at frontier rendu à la frontière
delivered free at domicile livré franco domicile
delivered free on board rendu franco bord
delivery livraison *f*; *to take delivery of* prendre livraison de; *to reschedule delivery* changer la date de livraison
delivery address adresse de livraison *f*
delivery charges frais de livraison *mpl*
delivery conditions conditions de livraison *fpl*
delivery date date de livraison *f*
delivery deadline terme de livraison *m*
delivery duty paid rendu, droits acquittés
delivery duty unpaid rendu, droits non acquittés
delivery man livreur *m*
delivery note bon de livraison *m*, bordereau de livraison *m*
delivery point lieu de livraison *m*
delivery schedule planning de livraison *m*
delivery time délai de livraison *m*
delivery van camionnette de livraison *f*, voiture de livraison *f*
demand demande *f*; *the demand for* la demande en
to **demand** demander, exiger
to **demand payment** réclamer le paiement; *to demand payment from sb* sommer qn de payer
demonstration démonstration *f*
demonstrator démonstrateur *m*
demurrage surestarie *f*
departing from en partance de
department [*of company*] service *m*, direction *f*, département *m*; [*of government*] ministère *m*
Department of Trade and Industry Ministère du Commerce et de l'Industrie *m*
departure date date de départ *f*
departure quay quai de départ *m*
depletion of reserves épuisement des réserves *m*
deposit arrhes *fpl*; *to make a deposit* laisser des arrhes
to **deposit** verser, déposer
to **deposit a sum of money** verser une somme, déposer une somme

deposit

to **deposit security** déposer une caution
deposit bank banque de dépôt *f*
deposit receipt récépissé de dépôt *m*
depositor déposant *m*
depot dépôt *m*
to **depreciate** se déprécier
depreciated amorti
depreciated currency monnaie dépréciée *f*
depreciation rate taux d'amortissement *m*
depression dépression *f*
dept (=department) dépt
DEQ (=delivered ex quay) DEQ
deregulation of trade libération des échanges commerciaux *f*
DES (=delivered ex ship) DES
description désignation *f*, description *f*
description of contents désignation du contenu *f*
description of goods désignation des marchandises *f*
destination destination *f*
to **destock goods** déstocker des marchandises
destocking déstockage *m*
to **determine the weight** déterminer le poids
to **develop** développer
developing country pays en voie de développement *m*
development assistance crédits de développement *mpl*
development costs coûts de développement *mpl*
to **dial** *vi* numéroter
to **dial** *vt* composer
dialling numérotation *f*
to **differ in price** différer de prix
difference in the rate différence de cours *f*
differential différentiel
differential cost coût différentiel *m*
differential rate tarif différentiel *m*
differential taxation taxation différentielle *f*
dimensions dimensions *fpl*
direct direct
direct advertising publicité directe *f*
direct debit prélèvement automatique *m*
direct debit advice avis de prélèvement *m*
direct mail advertising publicité par correspondance *f*
direct marketing marketing direct *m*
direct selling vente directe *f*
direct tax impôt direct *m*
direct taxation contributions directes *fpl*
directive directive *f*
director directeur *m*
directory annuaire *m*
dirty [*bill of lading*] clausé
disagreement désaccord *m*
disbursement déboursement *m*
to **discharge a debt** apurer une dette
discontinued line fin de série *f*
discount remise *f*; [*bank*] escompte *m*; *at a discount* en remise; [*bank*] escompté
to **discount** escompter
discount for early payment escompte de règlement *m*
discount house comptoir d'escompte *m*
discount rate taux d'escompte *m*
discountable escomptable
discounted bill effet escompté *m*
discounted rate taux d'escompte *m*
discounts and allowances remise, rabais, ristourne *fpl*, RRR *fpl*

documents against payment

to **discuss a price** débattre d'un prix
dishonour refus de paiement *m*
to **dishonour a bill by non-acceptance** refuser d'accepter un effet
to **dishonour a bill by non-payment** refuser de payer un effet
dispatch envoi *m*, expédition *f*
to **dispatch** expédier
to **dispatch an order** envoyer une commande
dispatch (department) expéditions *fpl*
dispatch note avis d'expédition *m*, bon d'expédition *m*
to **display prices** afficher les prix
to **display products** exposer des produits
disposable jetable
disposable packaging emballage perdu *m*
disposal: to have a sum of money at one's disposal disposer d'une somme
disposals of stocks écoulement de stocks *m*
dispute contestation *f*; *in dispute* litigieux
to **distribute** distribuer, diffuser
distribution distribution *f*, diffusion *f*
distribution chain chaîne de distribution *f*
distribution channel canal de distribution *m*
distribution contract contrat de distribution *m*
distribution costs coûts de distribution *mpl*
distribution network réseau de distribution *m*, circuit de distribution *m*
distribution of profits répartition du bénéfice *f*
distributor distributeur *m*
distributor discount remise au distributeur *f*
distributor's margin marge du distributeur *f*
diversification diversification *f*
to **diversify** diversifier
to **diversify into** se reconvertir dans
diversion déviation *f*
to **dock** [*ship*] arriver au port
dock strike grève des dockers *f*
dock-warehouse dock entrepôt *m*
dockers' strike grève des dockers *f*
docket bordereau *m*
docks docks *mpl*
document document *m*
document of title acte de propriété *m*
documentary bill traite documentaire *f*
documentary charges frais de crédit documentaire *mpl*
documentary credit crédit documentaire *m*
documentary credit application demande d'ouverture de crédit documentaire *f*
documentary credit department service des crédits documentaires *m*
documentary evidence pièces justificatives *fpl*
documentary letter of credit lettre de crédit documentaire *f*
documentary remittance remise documentaire *f*
documentation documentation *f*
documents documents *mpl*
documents against acceptance documents contre acceptation *mpl*
documents against payment documents contre paiement *mpl*

dollar area zone dollar *f*
dollars in real terms dollars constants *mpl*
domestic market marché intérieur *m*
domestic sales ventes domestiques *fpl*
domestic trade commerce intérieur *m*
domicile domicile *m*
to **domicile** domicilier
to **domicile acceptances** domicilier des acceptations
domiciled domicilié
domiciled bill effet domicilié *m*
domiciliation domiciliation *f*
domiciliation papers dossier de domiciliation *m*
door-to-door selling vente à domicile *f*
to **double** doubler
down: to go down descendre
down-market bas de gamme
down payment acompte *m*; *to make a down payment* donner un acompte
down time temps d'immobilisation *m*
downward movement mouvement de baisse *m*
d/p (=documents against payment) D/P
draft [*bill*] traite *f*
draft agreement projet de contrat *m*
to **draw a bill on** tirer une traite sur
to **draw a cheque on** tirer un chèque sur, disposer un chèque sur
to **draw at sight** tirer à vue
to **draw up** rédiger; [*list*] dresser
to **draw up a commercial bill** créer un effet de commerce
to **draw up an invoice** rédiger une facture

draw down tirage *m*
drawee tiré *m*
drawer tireur *m*
drawing tirage *m*
driver conducteur *m*
drop in prices baisse des prix *f*
drop in profits diminution des bénéfices *f*
DTI (=Department of Trade and Industry) Ministère du Commerce et de l'Industrie *m*
due dû; *in due form* en due forme
due date échéance *f*; *on the due date* à échéance, à terme échu
due to à cause de
duly dûment; *duly signed* dûment signé
to **dump** faire du dumping
dumping dumping *m*
dunning letter lettre de poursuite *f*
duplicate double *m*, duplicata *m*; *in duplicate* en deux exemplaires
duplicate *adj* fait en deux exemplaires
duplicate receipt quittance double *f*
durables biens durables *mpl*
duration durée *f*
duty droit *m*, droits de douane *mpl*; *to take the duty off goods* détaxer des marchandises
duty-free exempt de droits de douane
duty-free entry admission en franchise *f*
duty-free goods marchandises franches de douane *fpl*
duty-free zone zone franche *f*
duty paid droits acquittés *mpl*
duty-paid goods marchandises libérées *fpl*, marchandises acquittées *fpl*
dwt (=deadweight) port en lourd *m*

E

early repayment remboursement anticipé *m*
easy terms facilités de paiement *fpl*
EC (=European Community) CEE *f*
EC *adj* de la CEE
EC directive directive européenne *f*
ECGD (=Export Credit Guarantee Department) COFACE *f*
ECI (=export consignment identifier) code d'identification à l'exportation *m*
economic économique
economic circumstances conjoncture *f*
economic cycle cycle économique *m*
economic expansion essor économique *m*
economic forecast prévisions économiques *fpl*
economic indicator indicateur économique *m*
economic policy politique économique *f*
economic recovery reprise économique *f*, redressement économique *m*
economic situation situation économique *f*
economic union union économique *f*
economic warfare guerre économique *f*
economist économiste *mf*
economy économie *f*

ecu écu *m*
EEC (=European Economic Community) CEE *f*
EEC *adj* de la CEE
EFTA (=European Free Trade Association) AELE *f*
EIB (=European Investment Bank) BEI *f*
elasticity of demand élasticité de la demande *f*
elasticity of supply élasticité de l'offre *f*
electrical damage only cover assurance des seuls dommages électriques *f*
electronic mail courrier électronique *m*, messagerie *f*
electronic payment paiement électronique *m*
electronic transfer transfert électronique *m*
embargo embargo *m*
to **embargo** mettre un embargo sur
embassy ambassade *f*
employer's liability responsabilité patronale *f*
empty weight poids à vide *m*
EMS (=European Monetary System) SME *m*
to **encash** *Br* encaisser
encashment encaissement *m*
end of month payments échéances de fin de mois *fpl*

end user

end user utilisateur final *m*
endorsable endossable
to **endorse** endosser
endorsed bill effet endossé *m*
endorsee endossataire *mf*
endorsement endos *m*, endossement *m*
endorsement to a policy avenant *m*
endorser endosseur *m*
energy crisis crise de l'énergie *f*
enquiry demande de renseignements *f*
to **enter** [*to record*] enregistrer
to **enter into** [*deal, contract*] conclure
to **enter into commitments** contracter des obligations
to **enter into negotiations** engager des négociations
entering [*recording*] enregistrement *m*
entering of an order enregistrement d'une commande *m*
entrepreneur entrepreneur *m*
entry [*into country*] entrée *f*; [*recording*] enregistrement *m*
equality of prices égalité de prix *f*
equalization péréquation *f*
equity capitaux propres *mpl*
to **erode** s'effriter
erosion of prices effritement des prix *m*
to **escalate** flamber
escrow account compte bloqué *m*
essential information mentions obligatoires *fpl*
establishment établissement *m*
estimate estimation *f*; [*for work*] devis *m*, devis estimatif *m*
to **estimate** estimer, évaluer
estimated costs coûts prévisionnels *mpl*

estimated loss perte estimée *f*, perte envisagée *f*
estimated sales prévision des ventes *f*
estimation of costs estimation des frais *f*
Eurocheque eurochèque *m*
Eurocurrency eurodevise *f*
Eurocurrency market marché des eurodevises *m*
eurodollar eurodollar *m*
eurofranc eurofranc *m*
euromarket marché des eurodevises *m*
European Commission Commission européenne *f*
European Economic Community Communauté économique européenne *f*
European Free Trade Association Association européenne de libre-échange *f*
European Investment Bank Banque européenne d'investissement *f*
European Monetary System Système monétaire européen *m*
European Parliament Parlement européen *m*
European Patent Office Office européen des brevets *m*
European standardization committee Comité européen de normalisation *m*
to **evade tax** frauder le fisc
to **evaluate** évaluer
evaluation évaluation *f*
examination examen *m*
to **examine** examiner
to **examine goods** inspecter des marchandises
to **exceed** dépasser
to **exceed a credit limit** dépasser un

crédit
exceptional circumstances circonstances exceptionnelles *fpl*
excess [*in insurance*] franchise *f*
excess clause clause de franchise *f*
excess profit surprofit *m*
excess supply suroffre *f*
to **exchange** [*letters*] échanger
exchange échange *m*; ***in exchange for payment*** moyennant paiement
exchange broker courtier de change *m*
exchange control regulations réglementation du change *f*
exchange controls contrôle des changes *m*
exchange difference différence de change *f*
exchange gain gain de change *m*
exchange loss perte de change *f*
exchange of goods échange de marchandises *m*
exchange of letters échange de lettres *m*
exchange rate taux de change *m*, cours de change *m*
exchange rate fluctuations fluctuation des cours *f*
exchange rate parity parités du change *fpl*
exchange rate stability stabilité des changes *f*
exchange rates cours des changes *m*
exchangeable échangeable
Exchequer ministère des Finances *m*
Excise régie *f*
excise documents documents administratifs de régie *mpl*
excise duty accise *f*
excise officer receveur des douanes *m*
exclusion exclusion *f*

exclusive agent agent exclusif *m*
exclusive distribution agreement accord de distribution exclusive *m*
exclusive of tax hors taxe, HT
exclusive rights clause clause d'exclusivité *f*
exclusive rights over a product exclusivité d'un produit *f*
exclusive shipment expédition exclusive *f*
exclusivity exclusivité *f*
to **execute a contract** exécuter un contrat
executed on ... fait le ...
execution exécution *f*
executive cadre *m*
to **exempt** exonérer
to **exempt from tax** exonérer d'impôt, exempter d'impôts
exempt from exonéré de
exemption clause clause d'exonération *f*
exemption from customs duty franchise douanière *f*
exemption from liability exonération de responsabilité *f*
exemption from VAT exonération de TVA *f*
exhibition exposition *f*
exhibition hall salle d'exposition *f*, hall d'exposition *m*
exhibition insurance assurance foire *f*
exhibition stand stand d'exposition *m*
exhibitor exposant *m*
exorbitant exorbitant
expansion expansion *f*
expenditure dépenses *fpl*
expenditure plan planning des charges *m*
expenses frais *mpl*

expensive

expensive coûteux, cher; *to be expensive* coûter cher
expertise savoir-faire *m*
to **expire** expirer
expiry expiration *f*
expiry date date d'échéance *f*, date d'expiration *f*
expiry date of a contract échéance d'un contrat *f*
explicit explicite
to **explore the market** prospecter le marché
export export *m*, exportation *f*
to **export** exporter
export ban interdiction d'exportation *f*
export bid offre export *f*
export company entreprise exportatrice *f*
export concessionaire concessionnaire export *m*
export consignment identifier code d'identification à l'exportation *m*
export credit guarantee garantie de crédit à l'exportation *f*
Export Credit Guarantee Department COFACE *f*
export department service commercial export *m*
export director directeur export *m*
export duty droits de sortie *mpl*
export financing financement des exportations *m*
export guarantee garantie à l'exportation *f*
export invoice facture à l'exportation *f*
export label label d'exportation *m*
export licence licence d'exportation *f*, permis d'exportation *m*
export manager directeur export *m*

export market marché à l'export *m*
export merchant négociant exportateur *m*
export office bureau d'exportation *m*
export order commande export *f*
export restrictions restrictions aux exportations *fpl*
export revenue revenus de l'exportation *mpl*
export sales ventes export *fpl*
export sales director directeur des ventes export *m*
export sales manager directeur des ventes export *m*
export subsidy subvention à l'exportation *f*
export tariff tarif export *m*
export tax taxe à l'exportation *f*
export trade commerce d'exportation *m*
exportable exportable
exporter exportateur *m*
exporting country pays exportateur *m*
exposure [*of bank*] encours *m*
express par exprès
express delivery envoi exprès *m*; *to send sth express delivery* envoyer qch par voie expresse
express freight fret express *m*
ex ship ex navire
to **extend** prolonger
to **extend payment terms** proroger une échéance
extended maintenance insurance assurance maintenance étendue *f*
extension [*of time*] prolongation *f*
extensions of cover extensions de garantie *fpl*
extent of cover durée de garantie *f*, étendue de garantie *f*
external costs charges externes *fpl*

extra time to pay sursis de paiement *m*
extraordinary expenses dépenses extraordinaires *fpl*
ex warehouse départ entrepôt
ex works départ usine

F

factor facteur *m*
factoring affacturage *m*
factoring company société d'affacturage *f*
factoring contract contrat d'affacturage *m*
factory usine *f*
factory inspector inspecteur du travail *m*
factory inspectorate Inspection du Travail *f*
factory price prix usine *m*
factory retail outlet magasin d'usine *m*
fair market value valeur vénale *f*
to **fall due** arriver à échéance
fall in prices chute des prix *f*
false invoice fausse facture *f*
family business entreprise familiale *f*
FAS (=free alongside ship) FLQ
fault défaillance *f*
faulty packaging emballage défectueux *m*
favourable conditions conditions avantageuses *fpl*

fax fax *m*, télécopie *f*
to **fax** envoyer par fax, faxer; [*person*] envoyer un fax à
fax (machine) fax *m*, télécopieur *m*
FCL (=full container load) FCL
FCL-FCL (=full container load-full container load) FCL-FCL
FCL-LCL (=full container load-less than container load) FCL-LCL
feasibility study étude de faisabilité *f*
fee note note de commission *f*
fees honoraires *mpl*
to **fiddle the accounts** trafiquer les comptes
field champ *m*
FIFO (=first in, first out) PEPS
figure chiffre *m*
final acceptance réception définitive *f*
final discharge quittance finale *f*
final hand-over réception définitive *f*
final offer dernière proposition *f*
final payment quittance finale *f*
final reminder dernier rappel *m*

final settlement

final settlement solde de tout compte *m*
to **finalize** mettre au point
finance finance *f*
to **finance** financer
finance (department) service financier *m*
financial financier
financial agreement convention financière *f*
financial centre place financière *f*
financial crisis crise financière *f*
financial gain gain d'argent *m*
financial means moyens financiers *mpl*
financial products produits financiers *mpl*
financial protection protection financière *f*
financial resources ressources financières *fpl*
financial transaction opération financière *f*
financially financièrement
financing financement *m*
financing plan plan de financement *m*
fine [*punishment*] amende *f*
finished product produit fini *m*
fire damage dégâts causés par le feu *mpl*
fire insurance assurance incendie *f*
firm firme *f*
firm ferme
firm order commande ferme *f*
firm purchase achat ferme *m*
first in, first out premier entré, premier sorti
first in first out principle principe du premier entré, premier sorti *m*
fittings agencements *mpl*
fixed fixe; *on a fixed date* à date fixe

fixed asset actif immobilisé *m*
fixed income securities titres à revenu fixe *mpl*, valeurs à revenu fixe *fpl*
fixed interest intérêt fixe *m*
fixed-term à terme fixe
fixed-term bill effet à date fixe *m*
flag of convenience pavillon de complaisance *m*
flammable liquid liquide inflammable *m*
flammable solid matière solide inflammable *f*
flat rate taux uniforme *m*, tarif forfaitaire *m*
flaw défaut *m*
flight vol *m*
floating currency monnaie flottante *f*
floating exchange rate taux de change flottant *m*
floating policy police d'abonnement *f*
floating rate securities titres à revenu variable *mpl*, valeurs à revenu variable *fpl*
to **flood a market with products** inonder un marché de produits
flowchart organigramme *m*
to **fluctuate** fluctuer
fluctuation fluctuation *f*
FOB (=free on board) FAB, FOB
FOB port of embarkation FAB port d'embarquement
to **follow up a customer** relancer un client
follow-up letter lettre de relance *f*
follow-up of orders suivi des commandes *m*
follow-up system système de relance *m*
FOR (=free on rail) franco wagon
force majeure force majeure *f*

forced forcé
forecast prévision *f*
forecasting prévision *f*
foreign étranger
foreign currency devises étrangères *fpl*
foreign currency account compte en devises étrangères *m*
foreign currency holding avoir en devises étrangères *m*
foreign currency option option de change *f*
foreign exchange broker cambiste *mf*
foreign exchange controls contrôles de change *mpl*
foreign exchange gain gain de change *m*
foreign exchange loss perte de change *f*
foreign exchange market marché des changes *m*
foreign investment investissement à l'étranger *m*
foreign market marché extérieur *m*
Foreign Office ministère des Affaires étrangères *m*
foreign securities valeurs étrangères *fpl*
foreign trade commerce extérieur *m*
foreign trade department ministère du Commerce extérieur *m*
forfaiting forfaitage *m*
forfeit dédit *m*
forfeiture déchéance *f*
forged cheque faux chèque *m*
forgeries faux en écritures *mpl*
forgery contrefaçon *f*
form formulaire *m*, imprimé *m*
to **form a company** former une société
to **form a monopoly** truster

to **form into a monopoly** truster
form document document canevas *m*
formal demand mise en demeure *f*
formal notice mise en demeure *f*
formal request for payment mise en demeure de payer *f*
formality formalité *f*
to **forward** transiter, acheminer
forward buying achat à terme *m*
forward contract contrat à terme *m*
forward delivery livraison à terme *f*
forward rate cours à terme *m*
forward requirement commande prévisionnelle *f*
forward sale vente à terme *f*
forwarder transitaire *m*
forwarder and consolidator transitaire-groupeur *m*
forwarding acheminement *m*
forwarding agent transitaire *m*
forwarding agent's invoice facture de transitaire *f*
fragile fragile
fragile goods marchandises fragiles *fpl*
franchise franchise *f*
franchise holder franchisé *m*
franchised franchisé
franchisee franchisé *m*
franchising franchisage *m*
franchisor franchiseur *m*
franco domicile franco domicile
francs in real terms francs constants *mpl*
fraudulent frauduleux
fraudulent imitation contrefaçon *f*
fraudulently frauduleusement
free gratuit; *to be free of a debt* être quitte d'une dette
to **free the franc** libéraliser le cours du franc
free agent gérant libre *m*

free alongside ship

free alongside ship franco long du quai
free at franco rendu
free at frontier franco frontière
free carrier franco transporteur
free circulation libre circulation *f*
free destination franco rendu point de destination
free from particular average franc d'avarie particulière
free movement of goods libre circulation des marchandises *f*
free of average franc de toute avarie
free of breakage franc de casse
free of charge gratuit
free of customs duty franco de douane
free of packing charges franco d'emballage
free of tax franc d'impôts
free of VAT en franchise de TVA
free on board franco à bord
free on rail franco wagon
free on rail from departure station franco sur wagon gare de départ
free port port franc *m*
free sample échantillon gratuit *m*
free trade libre-échange *m*
free-trade area zone de libre-échange *f*
freeing of funds mobilisation de créances *f*
freeing of the franc libéralisation du cours du franc *f*
freeze blocage *m*
to **freeze prices** geler les prix
freezing of capital immobilisation de capitaux *f*
freight frêt *m*

to **freight** fréter
freight bill connaissement *m*
freight broker courtier de fret *m*
freight collect port avancé
freight consolidator groupeur *m*
freight depot dépôt de fret *m*
freight forward port avancé
freight forwarder transitaire *m*, agent de fret *m*
freightliner [*train*] train conteneur *m*
freight plane avion-cargo *m*
freight price prix du transport *m*
freight rate taux de fret *m*
freight ton tonneau de fret *m*
freight train train de marchandises *m*
freightage frais de transport *mpl*, fret *m*
freighter [*ship*] cargo *m*; [*plane*] avion-cargo *m*; [*company*] agent de fret *m*
frequent user card carte de fidélité *f*
from: expéditeur :
frontier frontière *f*
frozen gelé
frozen account compte bloqué *m*
frozen credit crédit bloqué *m*
to **fulfil an order** exécuter une commande
full container load conteneur chargé complètement *m*
full discharge quitus *m*
full price plein tarif *m*
full set of bills of lading jeu complet de connaissements *m*
to **fund** financer
funding financement *m*
funding plan plan de financement *m*
future delivery livraison à terme *f*

G

GATT (=General Agreement on Tariffs and Trade) GATT *m*, AGETAC *m*
GDP (=gross domestic product) PIB *m*
general conditions conditions générales *fpl*
general strike grève générale *f*
general terms and conditions of sale conditions générales de vente *fpl*
giro account compte courant postal *m*
giro cheque chèque de virement *m*
to **give a discount** accorder un escompte
to **give credit** faire crédit
to **give one's word** engager sa parole
given in [*quoted in*] libellé en
glut on the market encombrement du marché *m*
glutted encombré
GNP (=gross national product) PNB *m*
good order bon état *m*
goods marchandises *fpl*
goods in transit marchandises en transit *fpl*
goods traffic trafic des marchandises *m*
goods train train de marchandises *m*
goods van wagon de marchandises *m*
goodwill fonds de commerce *m*, fonds commercial *m*
government decree ordonnance *f*
government funds fonds publics *mpl*
government stocks rentes de l'Etat *fpl*
graduated progressif
graduation progressivité *f*
grand total total général *m*
grant subvention *f*, subside *m*
to **grant** accorder; [*issue*] délivrer
to **grant a loan** ouvrir un crédit, octroyer un prêt
grant of a patent homologation d'un brevet *f*
grant of franchise concession de franchise *f*
granting octroi *m*
granting of sole agency concession d'un droit de distribution exclusive *f*
grey import importation grise *f*
gross [*144*] grosse *f*
gross *adj* brut
gross (amount) montant brut *m*
gross domestic product produit intérieur brut *m*
gross earnings [*of company*] recette brute *f*
gross national product produit national brut *m*
gross price prix brut *m*
gross profit margin marge commerciale *f*

gross registered tonnage jauge brute *f*
gross ton tonne de jauge *f*
gross tonnage tonnage brut *m*
gross value valeur brute *f*
gross weight poids brut *m*
group groupement *m*
groupage groupage *m*
groupage bill connaissement de groupage *m*
grouped consignment envoi groupé *m*
grouping groupage *m*
growing croissant
growth croissance *f*
growth rate taux de croissance *m*

guarantee [*for product*] garantie *f*; [*financial deposit*] caution *f*, cautionnement *m*; ***under guarantee*** sous garantie; ***to give a guarantee*** fournir une caution
to **guarantee** garantir
guarantee certificate certificat de garantie *m*
guarantee commission commission de garantie *f*
guarantee slip bon de garantie *m*
guaranteed sum somme garantie *f*
guarantor garant *m*
guidelines directives *fpl*
guild corps de métier *m*

H

to **haggle** marchander
haggling marchandage *m*
half: at half price à moitié prix
half-price demi-tarif *m*
half year semestre *m*
half-yearly *adj* semestriel
to **handle** [*goods*] manutentionner, manipuler
handling [*of goods*] manutention *f*, manipulation *f*
handling charges frais de manutention *mpl*; [*administrative*] frais d'administration *mpl*
handling of incoming goods manutention d'entrée *f*
handling of outgoing goods manutention de sortie *f*
harbour port *m*
harbour dues droits de port *mpl*
harbour master capitaine de port *m*
haulage camionnage *m*; [*charge*] frais de camionnage *mpl*
haulier camionneur *m*
hazardous dangereux

head office siège principal *m*, siège social *m*
head office address adresse du siège social *f*
health and safety hygiène et sécurité *f*
health certificate certificat sanitaire *m*
health checks contrôles sanitaires *mpl*
health insurance assurance maladie *f*
heavy goods vehicle poids lourd *m*
heavy goods vehicle driver conducteur de poids lourd *m*
heavy industry industrie lourde *f*
HGV (=heavy goods vehicle) poids lourd *m*
hidden defects défauts cachés *mpl*, vices cachés *mpl*
high quality qualité supérieure *f*
high value added à haute valeur ajoutée
highest bidder surenchérisseur *m*
hire location *f*
to **hoard** thésauriser
hoarding thésaurisation *f*
hold [*in ship*] cale *f*
to **hold as security** détenir en garantie
to **hold goods up at customs** retenir des marchandises en douane
to **hold sb's commercial bill** détenir un effet sur qn
holder [*of shares*] détenteur *m*; [*of account*] titulaire *mf*
holder in due course tiers porteur *m*
holding company société de gestion *f*, holding *m*
home delivery livraison à domicile *f*
home market marché intérieur *m*
home sales ventes sur le marché intérieur *fpl*
to **honour** honorer
horizontal integration concentration horizontale *f*
hourly rate tarif horaire *m*
house bill double de connaissement *m*
household consumption consommation des ménages *f*
hovercraft aéroglisseur *m*
hundredweight cent douze livres
hypermarket grande surface *f*

I

IATA (=International Air Transport Association) IATA *f*
ICAO (=International Civil Aviation Organization) OACI *f*
ICD (=inland clearance depot) dépôt de dédouanement intérieur *m*
ICJ (=International Court of Justice) CIJ *f*
identifiable package emballage identifiable *m*
illegal illégal
illegality illégalité *f*
illicit illicite
ILO (=International Labour Organization) OIT *f*
IMCO (=Intergovernmental Maritime Consultative Organization) OMCI *f*
IMF (=International Monetary Fund) FMI *m*
imitation: beware of imitations méfiez-vous des contrefaçons
IMO (=International Maritime Organization) Organisation maritime internationale *f*
implied implicite
implied contract contrat implicite *m*
to **import goods** importer des marchandises
import ban prohibition d'importation *f*, interdiction d'importation *f*
import bonus prime d'importation *f*
import duty droits d'entrée *mpl*
import-export import-export *m*
import licence licence d'importation *f*
import permit permis d'importer *m*, permis d'importation *m*
import quotas contingents d'importation *mpl*
import restrictions restrictions à l'importation *fpl*
import trade commerce d'importation *m*
importer importateur *m*
importing importateur
importing country pays importateur *m*
imports importations *fpl*
to **impose a ban on sth** frapper qch d'interdit
to **impose a fine on sth** frapper qch d'une amende
to **impose a price freeze** imposer un blocage des prix
to **impose tax on sth** frapper qch d'un impôt
inadequate packaging emballage insuffisant *m*
incidental costs frais accessoires *mpl*
incidental expenses faux frais *mpl*, frais accessoires *mpl*, menus frais *mpl*
included inclus
inclusive of costs frais inclus

inland waterway transport

inclusive of tax toutes taxes comprises, TTC
income tax taxe sur le revenu *f*, impôt sur le revenu *m*
incorrectly [*improperly*] indûment
increase augmentation *f*
to **increase** augmenter
to **increase the value of** augmenter la valeur de
increase in the price of sth augmentation du prix de qch *f*
increasing croissant; [*tax*] progressif
increasing demand demande croissante *f*
increasing payments paiement progressif *m*
increasing rate tarif progressif *m*
to **incur debts** contracter des dettes
to **incur expenses** encourir des frais
indebtedness endettement *m*
indemnity indemnité *f*
indexation indexation *f*
indexation clause clause d'indexation *f*
index-linking indexation *f*
indication of origin indication d'origine *f*
indirect tax impôt indirect *m*
industrial industriel
industrial concern exploitation industrielle *f*
industrial country pays industriel *m*
industrial espionage espionnage industriel *m*
industrial estate zone industrielle *f*, ZI *f*
industrial expansion expansion industrielle *f*
industrial group groupe industriel *m*
industrial monopoly trust industriel *m*
industrial plant équipement industriel *m*
industrial process processus industriel *m*
industrial property propriété industrielle *f*
industrial tribunal tribunal des prud'hommes *m*
industrialist industriel *m*
industrialization industrialisation *f*
to **industrialize** industrialiser
industry industrie *f*
inflation inflation *f*
inflation rate taux d'inflation *m*
inflationary inflationniste
inflationary spiral spirale inflationniste *f*
to **inform** aviser
to **inform sb of sth** informer qn de qch
information information *f*, renseignements *mpl*
infringement of the law violation de la loi *f*
inherent vice vice inhérent *m*
initial invoice price prix initial de facturation *m*
initial stock stock de départ *m*
to **initiate** [*proceedings*] engager
to **inject capital into a business** injecter des capitaux dans une entreprise
injection of money injection d'argent *f*
inland clearance depot dépôt de dédouanement intérieur *m*
inland freight fret intérieur *m*
inland haulage transport routier *m*
Inland Revenue fisc *m*
inland waterway bill of lading connaissement fluvial *m*
inland waterway transport transport fluvial *m*

inland waterway waybill lettre de voiture fluviale *f*
insolvency insolvabilité *f*
insolvent insolvable
to **inspect** contrôler, inspecter
inspection contrôle *m*, inspection *f*
instalment acompte *m*, versement *m*; *to buy by instalments* acheter à tempérament
instruction instruction *f*, directive *f*
instrument to order papier à ordre *m*
insufficient funds insuffisance de provision *f*
insurable value valeur assurable *f*
insurance assurance *f*, assurances *fpl*; *to take out insurance* s'assurer
insurance adviser assureur-conseil *m*
insurance and reinsurance company société d'assurance et de réassurance *f*
insurance broker courtier d'assurances *m*
insurance certificate certificat d'assurance *m*
insurance claim déclaration de sinistre *f*
insurance company compagnie d'assurances *f*
insurance contract contrat d'assurance *m*
insurance document document d'assurance *m*
insurance for loss of trade assurance courant d'affaires *f*, assurance perte de l'exploitation *f*
insurance inspector inspecteur d'une société d'assurances *m*
insurance policy police d'assurance *f*; *to take out an insurance policy* souscrire une police d'assurance
insurance portfolio portefeuille d'assurances *m*
insurance premium prime d'assurance *f*
insurance proposal proposition d'assurance *f*
insurance rate taux d'assurance *m*
to **insure** assurer
to **insure against loss** couvrir une perte
insured assuré
insured (party) assuré *m*
insured value valeur assurée *f*
insurer assureur *m*
intact intact
integrated export service service export intégré *m*
interest intérêt *m*
interest-bearing rémunérateur
interest due intérêts dus *mpl*, intérêts échus *mpl*
interest due and payable intérêts exigibles *mpl*
interest on arrears intérêt de retard *m*
interest rate taux d'intérêt *m*
interim *adj* provisionnel
intermediate rate taux intermédiaire *m*
Internal Revenue *Am* fisc *m*
international agreement convention internationale *f*
International Air Transport Association Association internationale de transport aérien *f*
International Chamber of Commerce Chambre de commerce internationale *f*
International Civil Aviation Organization Organisation de

l'aviation civile internationale *f*
international fair foire internationale *f*
international free trade libre-échange international *m*
International Maritime Organization Organisation maritime internationale *f*
International Monetary Fund Fonds monétaire international *m*
international money order mandat international *m*
international organization organisme international *m*
international payments paiements internationaux *mpl*
international rail transport transport international ferroviaire *m*
International Standards Organization Organisation internationale de normalisation *f*
international trade échanges internationaux *mpl*
international trade fair foire internationale *f*
international trademark register registre international des marques *m*
international trading corporation société de commerce international *f*, SCI *f*
international transport agreement contrat de transport international *m*
international waters eaux internationales *fpl*
interpretation of a contract interprétation d'un contrat *f*
interpreter interprète *mf*
intra-Community trade échange intracommunautaire *m*

introduction of quotas contingentement *m*
invalidity of a contract nullité d'un contrat *f*
inventory inventaire *m*
to **inventory** inventorier, mettre en inventaire
inventory balance balance d'inventaire *f*
inventory management gestion des stocks *f*
inventory of goods inventaire des marchandises *m*
inventory turnover rate vitesse de rotation des stocks *f*
to **invest** investir
to **invest capital** engager des capitaux, investir des capitaux
investigation enquête *f*
investment investissement *m*, placement *m*
investment of capital investissement de capitaux *m*
investor investisseur *m*
invoice facture *f*; *within 30 days of invoice* dans les 30 jours après la facturation; *payable against invoice* à payer à réception de la facture
to **invoice for** facturer
to **invoice sb for sth** facturer qch à qn
invoice price prix facturé *m*
invoiced: the amount invoiced le montant facturé
invoicing facturation *f*
invoicing instructions instructions de facturation *fpl*
inward customs clearance entrée en douane *f*
IOU reconnaissance de dette *f*
irrevocable credit crédit irrévocable *m*

irrevocable letter of credit

irrevocable letter of credit lettre de crédit irrévocable *f*, crédit documentaire irrévocable *m*
issue [*of certificate*] délivrance *f*; [*of draft*] émission *f*
to **issue** [*certificate*] délivrer; [*draft*] émettre

issuer of a draft émetteur d'une traite *m*
issuing bank banque émettrice *f*
item article *m*; [*on balance sheet*] poste *m*
to **itemize** détailler
itemized détaillé

J

JIT (=just in time) juste à temps
to **join** adhérer à
joint account compte joint *m*
joint and several guarantor garant solidaire *m*
joint and several liability responsabilité solidaire et indivise *f*
joint debtor codébiteur *m*
joint holder codétenteur *m*
joint owner copropriétaire *mf*
joint ownership copropriété *f*; *to have joint ownership of* coposséder
joint representations démarche collective *f*
joint undertaking engagement de solidarité *m*
joint venture [*company*] société en participation *f*; [*project*] collaboration *f*
joint venture agreement accord de partenariat *m*
jointly conjointement; *to own jointly* coposséder
jointly and severally conjointement et solidairement
jurisdiction juridiction *f*
just in time juste à temps

K

to **keep the books up to date** tenir les livres à jour
to **keep up a correspondence** entretenir une correspondance
keep dry craint l'humidité

L

label étiquette *f*, label *m*
to **label** étiqueter
labelling étiquetage *m*
labour force [*of company*] main-d'œuvre *f*
lack of funds manque de fonds *m*; *for lack of funds* faute de provision
landing and port charges frais de débarquement et de port *mpl*
landing stage embarcadère *m*
to **lapse** tomber en déchéance
last in, first out dernier entré, premier sorti
late en retard
late payment penalty indemnité de retard *f*
latest: at the latest au plus tard
launch lancement *m*
to **launch** [*product*] lancer, introduire sur le marché
to **launch a new company** lancer une nouvelle entreprise
law of contract droit des contrats *m*
law of supply and demand loi de l'offre et de la demande *f*
lawsuit action *f*
lawyer avocat *m*
lay day jour de planche *m*
lay days jours de planche *mpl*, estarie *f*
L/C (=letter of credit) l/c *f*

LCL

LCL (=less than container load) conteneur chargé en partie *m*
lead time délai de livraison *m*
leaflet prospectus *m*
leakage coulage *m*
lease crédit-bail *m*
lease contract contrat en location *m*
lease revenue loyers *mpl*
legal juridique; [*permissible*] légal
legal action: to take legal action against sb poursuivre qn en justice
legal adviser conseil juridique *m*, conseiller juridique *m*
legal department contentieux *m*
legal dispute litige *m*
legal document document légal *m*
legal excess franchise légale *f*
legal fees frais juridiques *mpl*
legal proceedings action judiciaire *f*; *to start legal proceedings* introduire une action en justice
legal recourse recours contentieux *m*
legal status statut légal *m*, statut juridique *m*
legal technicality vice de forme *m*
legislation législation *f*
lessee preneur *m*
letter: your letter of votre lettre en date du
letter of confirmation lettre de confirmation *f*
letter of credit lettre de crédit *f*, accréditif *m*, crédit documentaire *m*
letter of guarantee lettre de garantie *f*
letter threatening legal action lettre menaçant de poursuite judiciaire *f*
to **level off** plafonner
to **level out** plafonner
to **level prices** niveler les prix
levelling off of prices plafonnement des prix *m*
levy on sales prélèvement sur les ventes *m*
liability responsabilité *f*; [*debt*] dette *f*
liability insurance assurance de responsabilité *f*
liable party responsable *mf*
liable to customs duty passible de droits de douane
liable to tax passible de taxe, passible d'impôts
liberalization of trade libéralisation du commerce *f*
LIBOR (=London Inter-Bank Offer Rate) *equivalent to* TIOP *m*
licence licence *f*, patente *f*
licence agreement contrat de concession *m*
licence holder licencié *m*
to **license** octroyer une licence à
licensed patenté
licensee concessionnaire *mf*
licensing octroi de licence *m*
licensing contract contrat de concession *m*
licensor concédant *m*
life assurance *Br* assurance-vie *f*
life insurance assurance-vie *f*
life interest usufruit *m*
LIFO (=last in, first out) DEPS
lightning strike grève surprise *f*
to **limit production** limiter la production
limitation prescription *f*
limitation of liability limitation de responsabilité *f*
limited liability responsabilité limitée *f*
limited liability company société à responsabilité limitée *f*
limited market marché étroit *m*

limits of cover limites de garantie *fpl*
line of business branche *f*
line of credit ligne de crédit *f*
line of products ligne de produits *f*
liquid resources moyens liquides *mpl*
liquidation: to go into liquidation entrer en liquidation
list liste *f*
to **list** inventorier, répertorier
list of bills for discount bordereau d'escompte *m*
Lloyds Register of Shipping la liste reprenant les navires construits en conformité avec les critères de classification établis par Lloyds
Lloyds Shipping Index la publication quotidienne diffusée par Lloyds précisant les mouvements et positions des navires
load chargement *m*
to **load** charger; [*onto ship*] embarquer
load unit unité de chargement *f*
loading chargement *m*; [*onto ship*] embarquement *m*
loading bay aire de chargement *f*
loading charges coût d'affrètement *m*
loading documents documents d'embarquement *mpl*
loading gauge gabarit de chargement *m*
loading quay quai de chargement *m*
loading ramp plate-forme de chargement *f*
loading time délai de chargement *m*; [*on ship*] délai d'embarquement *m*
loan emprunt *m*, prêt *m*
loan agreement contrat de prêt *m*
loan application demande d'ouverture de crédit *f*

loan at interest prêt à intérêts *m*
loan insurance assurance crédit *f*
loan maturity échéance emprunt *f*
loan note titre d'obligation *m*, titre de créance *m*
loan risk cover couverture du risque de crédit *f*
loan stock emprunt obligataire *m*
local tax taxe locale *f*
local trade commerce local *m*
to **lodge a complaint** faire une réclamation
to **lodge a complaint with** faire une réclamation auprès de
to **lodge security** déposer une caution
to **log** enregistrer
to **log an order** enregistrer une commande
logbook livre de bord *m*, carnet de route *m*
logging of an order enregistrement d'une commande *m*
logistic logistique
logo sigle *m*
long effet à longue échéance *m*
long-dated bill effet à longue échéance *m*, traite à longue échéance *f*
long-term à long terme
long-term credit crédit (à) long terme *m*
long-term financing financement à long terme *m*
long-term loan prêt à long terme *m*
long-term planning planification à long terme *f*
loose [*goods*] en vrac
lorry camion *m*
lorry driver camionneur *m*
to **lose** égarer
to **lose money on** perdre sur
loss perte *f*; ***at a loss*** à perte

loss of earnings manque à gagner *m*
loss of interest perte d'intérêts *f*
loss of no-claims bonus malus *m*
loss suffered préjudice subi *m*
to **lower** baisser
lowering baisse *f*

Ltd (=limited) SARL
lump sum forfait *m*; *in a lump sum* forfaitairement
lump-sum [*price*] forfaitaire
luxury goods articles de luxe *mpl*
luxury tax taxe de luxe *f*

M

made in France de fabrication française
made out in libellé en
mail courrier *m*, poste *f*
mail order firm maison de vente par correspondance *f*
mail order (selling) vente par correspondance *f*, VPC *f*
mailshot publipostage *m*, mailing *m*
mail transfer virement par courrier *m*
mailing expédition par la poste *f*; [*mailshot*] publipostage *m*, mailing *m*
mailing list liste d'adresses *f*
main risk premium prime risque principal *f*
to **maintain relations** entretenir des relations
maintenance costs frais d'entretien *mpl*
to **make a cheque payable to** établir un chèque à l'ordre de
to **make a claim** déposer une réclamation
to **make a down payment** verser un acompte
to **make a payment** effectuer un paiement, effectuer un versement
to **make a profit** réaliser un profit
to **make a transfer** opérer un virement
to **make out a cheque** libeller un chèque, établir un chèque
to **make out a cheque to the order of** libeller un chèque à l'ordre de
to **make out an invoice** libeller une facture, établir une facture
to **manage** diriger, gérer
management gestion *f*, direction *f*; [*managers*] direction *f*
manager directeur *m*; *as a manager* en tant que gestionnaire
managing director directeur

général *m*
manifest manifeste *m*
manual manuel *m*
manual manuel
manufacture fabrication *f*
to **manufacture** fabriquer
manufactured manufacturé
manufactured product produit manufacturé *m*
manufacturer fabricant *m*, constructeur *m*
manufacturer's guarantee insurance assurance garantie constructeur *f*
manufacturer's liability responsabilité du fabricant *f*
manufacturing company entreprise industrielle *f*
manufacturing costs frais de fabrication *mpl*
manufacturing country pays producteur *m*
manufacturing defect vice de fabrication *m*, défaut de fabrication *m*
manufacturing licence licence de fabrication *f*
margin marge *f*
marginal marginal
marine bill of lading connaissement maritime *m*
marine insurance assurance maritime *f*
marine insurance policy police d'assurance maritime *f*
maritime freight fret maritime *m*
maritime freight consolidator groupeur maritime *m*
maritime navigation navigation maritime *f*
maritime trade commerce maritime *m*

to **mark** [*goods, prices*] marquer
to **mark down** démarquer
to **mark up** majorer
markup majoration *f*
markup ratio taux de marge *m*
marked down démarqué
market marché *m*; [*outlet*] débouché *m*
market *adj* marchand
to **market** commercialiser
market analysis étude de marché *f*
market constraints contraintes de marché *fpl*
market economy économie de marché *f*
market place marché *m*
market rate taux privé *m*, cours du marché *m*
market research étude de marché *f*
market research studies études de marché *fpl*
market saturation saturation du marché *f*
market segment segment de marché *m*
market share part de marché *f*
market situation situation du marché *f*
market study étude de marché *f*
market trend tendance du marché *f*, teneur du marché *f*
market value valeur marchande *f*
marketable quality qualité marchande *f*
marketable securities valeurs de placement *fpl*, valeurs réalisables *fpl*
marketing commercialisation *f*; [*discipline*] marketing *m*, mercatique *f*
marketing department direction mercatique *f*

marketing director directeur de marketing *m*
marketing manager directeur de marketing *m*
marketing mix plan de marchéage *m*
marketing network réseau de commercialisation *m*, circuit de commercialisation *m*
marketing plan plan marketing *m*
marketing subsidiary filiale de distribution *f*
marketing team équipe commerciale *f*
marking down démarque *f*
marking of goods marquage de marchandises *m*
marshalling yard gare de triage *f*
mass media mass media *mpl*
mass produced fabriqué en masse, fabriqué en série
mass production fabrication en série *f*, production en série *f*
master of works maître d'œuvre *m*
material damage dégâts matériels *mpl*
material defect vice rédhibitoire *m*
matter affaire *f*
to **mature** arriver à échéance *f*
maturity échéance *f*
maturity date date d'échéance *f*
maturity of a policy échéance de police *f*
maturity value valeur à l'échéance *f*
maximum maximum
maximum amount montant maximum *m*
MD (=managing director) directeur général *m*
mean [*average*] moyenne *f*
means of payment moyens de paiement *mpl*
means of production moyens de production *mpl*
means of transport moyens de transport *mpl*
to **measure the tonnage of a ship** jauger un navire
measurement ton tonne d'arrimage *f*, tonne d'encombrement *f*
measurements dimensions *fpl*
mediation médiation *f*
mediator médiateur *m*
medium-term credit crédit (à) moyen terme *m*
medium-term financing financement à moyen terme *m*
to **meet delivery schedules** respecter les délais de livraison
to **meet demand** faire face à la demande
meeting conférence *f*
member membre *m*
membership adhésion *f*; [*members*] membres *mpl*
member state état membre *m*
merchandise marchandise *f*, marchandises *fpl*; *a piece of merchandise* une marchandise
merchandiser marchandiseur *m*
merchandizing marchandisage *m*
merchant négociant *m*, commerçant *m*
merchant bank banque d'affaires *f*
merchant marine flotte marchande *f*
merchant navy marine marchande *f*
merchant ship navire de commerce *m*, navire marchand *m*
messenger coursier *m*
method of delivery mode d'expédition *m*
method of payment mode de règlement *m*, mode de paiement *m*

method of transport mode de transport *m*
middleman intermédiaire *m*
minimum minimum
minimum amount montant minimum *m*
minimum charge charge minimum *f*
minimum cover garanties minimales *fpl*
minimum excess minimum de franchise *m*
minimum stock level stock d'alerte *m*
minimum wage salaire minimum *m*
miscellaneous risks risques divers *mpl*
to **miss a delivery** manquer à la livraison
mixed cargo cargaison mixte *f*
mobility mobilité *f*
to **mobilize** mobiliser
mode of transport mode de transport *m*
monetary monétaire
monetary agreement convention monétaire *f*
monetary area zone monétaire *f*
monetary crisis crise monétaire *f*
monetary fluctuations mouvements monétaires *mpl*
monetary policy politique monétaire *f*
monetary system système monétaire *m*
monetary union union monétaire *f*
monetary unit unité monétaire *f*
money argent *m*
money market marché monétaire *m*
money of account monnaie de compte *f*
money rate taux de l'argent *m*
to **monitor** contrôler

mutual exclusivity agreement

monopolist monopoleur *m*, monopolisateur *m*
monopolization monopolisation *f*
to **monopolize** monopoliser
monthly mensuel
monthly *adv* mensuellement; *to make sth payable monthly* mensualiser qch
monthly average moyenne mensuelle *f*
monthly instalment acompte mensuel *m*
monthly instalments mensualités *fpl*
monthly payment paiement mensuel *m*
moratorium moratoire *m*
moratorium on payment suspension des paiements *f*
motor insurance assurance automobile *f*
movement mouvement *m*
movement of capital mouvement des capitaux *m*
movement of goods circulation des marchandises *f*
multilateral agreement accord multilatéral *m*
multilateral trade negotiations négociations commerciales multilatérales *fpl*
multimodal operator opérateur de transport multimodal *m*, OTM *m*
multinational multinationale *f*
multiple outlet company maison à succursales multiples *f*
to **multiply** multiplier
multisector multisectoriel
mutual mutuel; *by mutual agreement* de gré à gré
mutual exclusivity agreement convention d'exclusivité réciproque *f*

131

mutual fund fonds commun de placement *m*

mutual insurance company mutuelle *f*

N

national currency monnaie nationale *f*
national jurisdiction juridiction nationale *f*
nationalization nationalisation *f*
to **nationalize** nationaliser
nationalized nationalisé
nationalized company société nationalisée *f*
negotiable négociable
to **negotiate** négocier
negotiation of a bill of exchange négociation d'un effet *f*
negotiations négociations *fpl*
net net
net (amount) somme nette *f*
net assets actif net *m*
net costs charges nettes *fpl*
net of tax hors taxe, HT, net d'impôt; *the invoice value net of tax* le montant HT de la facture
net of VAT hors TVA, H. TVA
net payable net à payer *m*
net premium cotisation au comptant *f*
net profit bénéfice net *f*, net commercial *m*
net receipts recette nette *f*
net registered tonnage jauge nette *f*
net return montant du retour net *m*, retour net *m*
net (total) montant net *m*
net worth actif net *m*
niche créneau *m*
no claims bonus bonus *m*
nominal value valeur nominale *f*
non-competition clause clause de non-concurrence *f*
non-conformity of a product non-conformité d'un produit *f*
non-convertible currency devise non convertible *f*
non-dutiable exempt de droits de douane
non-EC country pays hors communauté *m*
non-material loss dommage immatériel *m*
non-negotiable cheque chèque non endossable *m*
non-payment non-paiement *m*
non-performance non-exécution *f*,

132

inexécution *f*
non-performance of a contract inexécution d'un contrat *f*
non-refundable packaging emballage perdu *m*
non-returnable sans réserve de retour
not due inexigible
notarized contract contrat notarié *m*
to **note an order** noter une commande
notice avis *m*; [*warning*] préavis *m*
notice of claim déclaration de sinistre *f*
notice of damage déclaration de sinistre *f*
notice of receipt bon de réception des marchandises *m*
notification avis *m*, notification *f*
notification of unpaid cheque certificat de non-paiement *m*
to **notify sb of sth** informer qn de qch
notify: to send sth notify expédier qch "notify"
null and void nul et non avenu
nullity nullité *f*
number chiffre *m*; [*of order, account*] numéro *m*; [*of company*] matricule *m*

O

object of a contract objet d'un contrat *m*
obligation obligation *f*
obtaining of a loan obtention d'un prêt *f*
obvious defect vice apparent *m*
occupational insurance contract contrat d'assurance professionnel *m*
ocean freight fret maritime *m*
OECD (=Organization for Economic Co-operation and Development) OCDE *f*
off: to give 12% off faire une réduction de 12%
offer offre *f*
to **offer a price** offrir un prix
to **offer goods for sale** mettre en vente des marchandises
offer of services offre de service *f*
office bureau *m*
official fonctionnaire *mf*
official brokerage courtage officiel *m*
official rate cours officiel *m*, taux officiel *m*

official receiver

official receiver syndic de faillite *m*
official receivership syndicat de faillite *m*
to **offload** décharger
offloading déchargement *m*
offset agreement accord de compensation *m*
oil-producing producteur de pétrole
on-board surcharge surcharge "on-board" *f*
one price prix unique *m*
OPEC (=Organization of Petroleum Exporting Countries) OPEP *f*
to **open negotiations** entamer des négociations
to **open up a new market for a product** ouvrir un débouché à un produit
open market economy économie de libre marché *f*
open policy police ouverte *f*
opening hours heures d'ouverture *fpl*
opening of an account ouverture d'un compte *f*
opening rate cours d'ouverture *m*
opening stock stock initial *m*
opening time heure d'ouverture *f*
to **operate** exploiter
operating costs frais d'exploitation *mpl*
operating losses pertes d'exploitation *fpl*
operating monopoly monopole d'exploitation *m*
operating profit bénéfice d'exploitation *m*
operation [*of a business*] exploitation *m*
operations manager directeur de l'exploitation *m*
operator [*of a business*] exploitant *m*

option to buy option d'achat *f*
order commande *f*; *to order*: [*on financial document*] clause à ordre; *to take an order* prendre une commande; *the goods on order* les marchandises commandées
to **order** commander
to **order a payment** ordonnancer un paiement
order book carnet de commandes *m*, livre de commandes *m*
order form bon de commande *m*, bulletin de commande *m*
order number numéro de commande *m*, numéro d'ordre *m*
order slip bulletin de commande *m*
order to pay ordonnance de paiement *f*
orderer acheteur *m*
organization organisation *f*
Organization for Economic Co-operation and Development Organisation européenne de coopération et de développement économique *f*
to **organize** organiser
origin origine *f*; **of French origin** d'origine française
origin of goods label marque d'origine *f*
original original *m*
original guarantee garantie d'origine *f*
original invoice facture originale *f*
original packaging emballage d'origine *m*
original value valeur d'origine *f*
to **oust a competitor** évincer un concurrent
out of court settlement arrangement à l'amiable *m*
out of stock [*goods*] épuisé; *we're*

134

out of stock notre stock est épuisé, nous sommes en rupture de stock
to **outbid a competitor** surenchérir sur l'offre d'un concurrent
outgoings sorties de fonds *fpl*
outlet débouché *m*
outline agreement protocole d'accord *m*
outside externe
outstanding [*invoice, amount*] en souffrance
overdraft découvert *m*
to **overdraw** tirer à découvert
overdrawn à découvert
overdrawn account compte à découvert *m*
overdue payment paiement en souffrance *m*

overestimate surestimation *f*
to **overestimate** surestimer
overheads frais généraux *mpl*
overproduction surproduction *f*
overseas markets marchés d'outre-mer *mpl*
overseas trade department ministère du Commerce extérieur *m*
overstocking stockage excessif *m*
over-valuation surévaluation *f*
to **over-value** surévaluer
to **owe** devoir
to **owe money** devoir de l'argent
owing dû
owner propriétaire *mf*
owner and charterer fréteur et affréteur *m*

P

pack emballage *m*
to **pack** emballer, conditionner
package colis *m*
to **package** emballer, empaqueter, conditionner
packaging emballage *m*, conditionnement *m*; [*paper, plastic etc*] matériel d'emballage *m*, emballage *m*
packer emballeur *m*

packing emballage *m*
packing costs frais d'emballage *mpl*
packing list liste de colisage *f*
packing paper papier d'emballage *m*
paid payé
pallet palette *f*
palletization palettisation *f*
to **palletize** palettiser
palletizer palettiseur *m*
panel panel *m*

parcel

parcel colis *m*
parcel post colis postal *m*
parcels service messagerie *f*
parent company société mère *f*
parity parité *f*
part consignment expédition partielle *f*
part load chargement partiel *m*
part payment paiement partiel *m*
part shipment expédition partielle *f*
partial payment paiement partiel *m*
particulars spécifications *fpl*
partnership partenariat *m*; [*company*] société de personnes *f*
partnership agreement accord de partenariat *m*
parts and labour garantee garantie pièces et main d'œuvre *f*
party partie *f*
par value nominal *m*, valeur nominale *f*
to **pass an increase on to the consumer** répercuter une augmentation sur les consommateurs
passenger and cargo plane avion mixte *m*
passenger and cargo ship bateau mixte *m*
passing trade clients de passage *mpl*, clientèle de passage *f*
patent brevet *m*, brevet d'invention *m*; *to take out a patent* prendre un brevet
to **patent** breveter
to **pay** payer; [*employee*] payer, rémunérer; [*invoice*] régler; [*taxes*] acquitter
to **pay at sight** payer à vue
to **pay back** rembourser
to **pay by cheque** payer par chèque
to **pay by instalments** payer à tempérament
to **pay cash** payer au comptant
to **pay for** payer
to **pay in** [*into bank*] verser
to **pay in advance** payer à l'avance
to **pay in cash** régler au comptant, payer en espèces, payer comptant
to **pay money into an account** alimenter un compte
to **pay off a debt** liquider une dette
to **pay out** décaisser
pay to bearer payez au porteur
pay to bearer clause clause au porteur *f*
payable payable, exigible; *to make sth payable by the month* mensualiser qch
payable at maturity payable à l'échéance
payable at sight payable à vue
payable at the bank payable à la banque
payable in arrears payable à l'échéance
payable in cash payable comptant
payable on arrival payable à l'arrivée
payable on delivery payable à la livraison
payable to the order of à l'ordre de; *to make a cheque payable to the order of* faire un chèque à l'ordre de
payable upon order payable à la commande
payee bénéficiaire *mf*, accrédité *m*
payee of a bill of exchange preneur de lettre de change *m*
payer payeur *m*
paying agent domiciliataire *m*
paying agent for commercial bills domiciliation d'effets de

commerce *f*
paying bank domiciliataire *m*, établissement payeur *m*, domiciliation bancaire *f*
paying in encaissement *m*
paying-in slip bordereau de versement *m*
payload charge utile *f*
payment paiement *m*; [*of employee*] rétribution *f*; [*of invoice*] règlement *m*; [*of taxes*] acquittement *m*; ***to present a cheque for payment*** présenter un chèque à l'encaissement
payment advice avis de paiement *m*
payment against documents paiement contre documents *m*
payment at maturity paiement à échéance *m*
payment at sight paiement à vue *m*
payment by cheque paiement par chèque *m*, règlement par chèque *m*
payment by electronic transfer paiement électronique *m*
payment by instalments paiement par acomptes *m*
payment card carte de paiement *f*
payment demand demande (d'accord) de paiement *f*
payment facilities facilités de paiement *fpl*
payment in advance paiement anticipé *m*, paiement par anticipation *m*, paiement d'avance *m*
payment in arrears paiement arriéré *m*
payment in cash paiement comptant *m*, règlement au comptant *m*
payment in full paiement intégral *m*
payment in kind paiement en nature *m*
payment instrument instrument de paiement *m*
payment of the balance paiement du solde *m*
payment order ordre de paiement *m*
payment received [*stamped on invoice*] pour acquit
payment schedule échéancier de paiement *m*, délais de paiement *mpl*
payment term délai de paiement *m*
pecuniary loss préjudice pécuniaire *m*
penal rate taux d'usure *m*
penalty pénalité *f*
penalty clause clause pénale *f*
penalty interest pénalité de retard *f*, intérêts moratoires *mpl*
percentage pourcentage *m*
to **perform a contract** exécuter un contrat
performance performance *f*
performance bond garantie de bonne exécution *f*, garantie de bonne fin *f*
perils of the sea fortune de mer *f*
period période *f*; ***within a period of seven days*** dans un délai de sept jours
period of grace franchise *f*
period of validity délai de validité *m*, durée de validité *f*
periodic périodique
periodic payments paiements périodiques *mpl*
periodical périodique
perishable périssable
perishable goods denrées périssables *fpl*, marchandises périssables *fpl*
permanence pérennité *f*

perpetual inventory inventaire permanent *m*, stock de sécurité *m*
personal account compte individuel *m*
personal loan crédit personnel *m*
petition in bankruptcy dépôt de bilan *m*
petty cash petite caisse *f*
petty cash management tenue de caisse *f*
petty expenses menus frais *mpl*
physical injury dommage corporel *m*
physical inventory inventaire effectif *m*
pieces: number of pieces [*on waybill*] nombre de colis *m*
piggybacking exportation kangourou *f*
pilferage chapardage *m*
to **place an order** passer une commande
to **place an order for sth** passer commande de qch
to **place an order with sb** passer commande à qqn
place of delivery lieu de livraison *m*
place of departure lieu de départ *m*
place of issue lieu d'émission *m*
place of payment lieu de paiement *m*
place of receipt lieu de réception *m*
placing of an order passation de commande *f*
plaintiff réclamant *m*
plan projet; [*timetable*] planning *m*
to **plan** planifier
plane avion *m*
planner chronogramme *m*
planning planification *f*
plant usine *f*; [*equipment*] installations techniques *fpl*
plant health checks contrôles phytosanitaires *mpl*

plastic packaging emballage plastique *m*
platform quai *m*
plc (=public limited company) SA *f*
pledge nantissement *m*, caution *f*
point of sale point de vente *m*
polystyrene polystyrène *m*
poor quality qualité inférieure *f*
port port *m*
port *adj* portuaire
port authorities autorités portuaires *fpl*, administration portuaire *f*
port charges frais portuaires *mpl*
port of arrival port d'arrivée *m*
port of call port d'escale *m*
port of departure port de départ *m*
port of discharge port d'arrivée *m*
port of loading port d'embarquement *m*
port of registry port d'attache *m*
port to port shipment expédition port à port *f*
porterage portage *m*
to **position a product on the market** positionner un produit sur le marché
to **post** envoyer par courrier
to **post prices** afficher des prix
post courrier *m*, poste *f*; ***by post*** par courrier
post office transfer virement postal *m*
postage affranchissement *m*
postage and packing port et emballage *m*
postage paid port payé, en franchise postale
postal postal
postcode code postal *m*
to **postdate** postdater
posted price prix affiché *m*

138

principal

to **postpone** renvoyer
postponement renvoi *m*
potential customer client potentiel *m*, prospect *m*
pound [*money, weight*] livre *f*
p&p (=postage and packing) port et emballage *m*
PPD (=prepaid) port payé par le destinataire
prebilling préfacturation *f*
precedent précédent *m*
pre-contract conditions préalables d'un accord *mpl*
pre-contractual negotiations négociations précontractuelles *fpl*
prefabricated préfabriqué
preferential préférentiel
preferential rate tarif préférentiel *m*
preferred creditor créancier privilégié *m*
prefix préfixe *m*
premises établissements *mpl*
premium prime *f*
premium rebate ristourne de prime *f*
premium supplement complément de prime *m*
prepaid payé d'avance
to **prepare samples of** échantillonner
prepayment paiement préalable *m*
to **present for collection** présenter à l'encaissement
to **present invoices** présenter des factures
presentation présentation *f*
presentation for payment présentation au paiement *f*
press release communiqué de presse *m*
presumption of liability présomption de responsablité *f*
price agreement entente sur les prix *f*

price controls contrôle des prix *m*
price difference différence de prix *f*
price differential écart de prix *m*
price escalation flambée des prix *f*
price exclusive of tax prix hors taxe *m*
price ex-works prix départ usine *m*
price fluctuation fluctuation des prix *f*
price inclusive of tax prix taxe comprise *m*
price increase augmentation de prix *f*
price index indice des prix *m*
price inflation inflation des prix *f*
price label étiquette porte-prix *f*
price levels niveau des prix *m*
price list bordereau de prix *m*
price markup majoration de prix *f*
price net of tax prix hors taxe *m*
price proposal proposition de prix *f*
price range fourchette de prix *f*, gamme de prix *f*
price reduction réduction des prix *f*
price rise hausse de prix *f*
price scale barème des prix *m*
price setting détermination des prix *f*, fixation des prix *f*
price stability stabilité des prix *f*
price structure structure des prix *f*
price support soutien de prix *m*
price survey enquête de prix *f*
price threshold seuil de prix *m*
price undercutting gâchage des prix *m*
price war guerre des prix *f*, guerre des tarifs *f*
pricing policy politique des prix *f*
primary sector secteur primaire *m*
prime rate taux préférentiel *m*
principal commettant *m*; [*Stock Exchange*] donneur d'ordre *m*

prior antérieur
prior claim antécédents du risque *mpl*
private privé
private company entreprise privée *f*
private sale vente à l'amiable *f*
private warehouse entrepôt privé *m*
privatization privatisation *f*
to **privatize** privatiser
proceedings action *f*
to **process an order** donner suite à une commande, traiter une commande
processing industry industrie de transformation *f*
procurement (department) service des achats *m*
to **produce** produire
producer producteur *m*
product produit *m*
product category catégorie de produit *f*
product fraud fraude sur les produits *f*
product line ligne de produits *f*, série de produits *f*
product manager responsable produit *mf*, directeur de produit *m*
product positioning positionnement de produit *m*
product range gamme de produits *f*
production production *f*
production capacity capacité de production *f*
production control direction de la production *f*
production costs coûts de production *mpl*
production director directeur de production *m*
production factors facteurs de la production *mpl*

production flowchart organigramme de production *m*
production management direction de la production *f*; [*activity*] gestion de la production *f*
production manager directeur de production *m*
production plan plan de production *m*
production subsidiary filiale de production *f*
production unit unité de production *f*
productivity productivité *f*
productivity norm norme de productivité *f*
professional body organisme professionnel *m*
profit bénéfice *m*, profit *m*; *to make a profit* réaliser un bénéfice
profit margin marge bénéficiaire *f*
profitability rentabilité *f*, profitabilité *f*
profitable rentable; *to be profitable* rapporter de l'argent, rapporter des bénéfices
pro forma bill traite pro forma *f*
pro forma invoice facture pro forma *f*
prohibited interdit
prohibited goods marchandises prohibées *fpl*
project projet *m*
promissory note billet à ordre *m*
to **promote** [*goods*] promouvoir
promoter promoteur *m*
promotion [*advertising*] promotion *f*
promotional promotionnel
promotional campaign campagne de promotion *f*
proof of insurance attestation d'assurance *f*

proof of payment titre de paiement *m*, justificatif de paiement *m*
proportion proportion *f*
proportion of profits quantum des bénéfices *m*
proposal proposition *f*
pro rata proportionnel
pro rata *adv* proportionnellement
prospective client futur client *m*
prospects perspectives d'avenir *fpl*
prospectus prospectus *m*
to **protest a bill** protester un effet
protest strike grève de protestation *f*
protestable protestable
to **provide cover** fournir une couverture
to **provide security** fournir une caution
provision [*term, condition*] disposition *f*; [*supply*] provision *f*
provision of capital prestation de capitaux *f*
provision of services prestation de services *f*
provisional provisoire
provisional acceptance certificate certificat de réception provisoire *m*
proxy agent mandataire *m*
Pty (=proprietary company) SARL
public authorities pouvoirs publics *mpl*
public carrier transporteur public *m*

public company entreprise publique *f*
public funds deniers publics *mpl*
public liability responsabilité civile *f*
public liability insurance assurance responsabilité civile *f*
public limited company société anonyme *f*
publicity document document publicitaire *m*
punitive damages dommages punitifs *mpl*
purchase achat *m*
to **purchase** acheter
purchase contract contrat d'achat *m*
purchase cost coût d'achat *m*
purchase costs frais d'achat *mpl*
purchase invoice facture d'achat *f*
purchase on credit achat à crédit *m*
purchase order bon de commande *m*
purchase price prix d'achat *m*
purchase value valeur d'achat *f*
purchaser acheteur *m*
purchasing co-operative groupement d'achat *m*
purchasing (department) service des achats *m*
purchasing group groupement d'achat *m*
purchasing power pouvoir d'achat *m*
purchasing unit cellule d'achat *f*

Q

qty (=quantity) quantité *f*
quality qualité *f*
quality assurance assurance qualité *f*
quality control gestion qualité *f*, contrôle de qualité *m*
quality control (department) service contrôle qualité *m*
quantity quantité *f*
quantity discount escompte sur achat en gros *m*, escompte sur achats groupés *m*
quarterly trimestriel; *to pay quarterly* payer par trimestre
quasi-contract quasi-contrat *m*
quay quai *m*
quota quota *m*, contingent *m*; *to establish quotas for* contingenter
quotation offre *f*, proposition de prix *f*
to **quote** [*on Stock Exchange*] coter
to **quote a price** indiquer un prix, faire un prix
quoted in [*prices etc*] libellé en
quoted securities valeurs cotées *fpl*

R

rail: to send sth by rail envoyer qch par chemin de fer
rail consignment note récépissé des chemins de fer *m*
railfreight: to send railfreight envoyer par chemin de fer
railroad *Am* chemin de fer *m*
rail transport transport ferroviaire *m*
railway chemin de fer *m*
railway *adj* ferroviaire
railway company compagnie des chemins de fer *f*
railway station gare de chemin de fer *f*

rail workers' strike grève des cheminots *f*
to **raise** élever, augmenter
to **raise a credit limit** déplafonner un crédit
to **raise money** mobiliser des fonds
to **raise prices** hausser les prix, augmenter les prix
raising of funds mobilisation de fonds *f*
range of products éventail de produits *m*
rate taux *m*; [*price*] tarif *m*
rate of coverage taux de couverture *m*
rate of (customs) duty taux de droit de douane *m*
rate of depreciation taux d'amortissement *m*
rate of exchange taux d'échange *m*, cours du change *m*
rate of growth taux de croissance *m*
rate of increase taux d'accroissement *m*
rate of inflation taux d'inflation *m*
rate of interest taux d'intérêt *m*
rate of production rythme de production *m*
rate of VAT taux de TVA *m*
ratification ratification *f*
to **ratify** ratifier, entériner
rating [*for credit purposes*] notation *f*
ratio ratio *m*
rationalization rationalisation *f*
to **rationalize** rationaliser
raw material matières premières *fpl*
R&D (=research and development) department bureau d'études *m*
ready delivery livraison immédiate *f*
ready for delivery livrable
ready for shipping sous palan

real: in real terms en francs/dollars/etc. constants
real exchange rate cours réel de change *m*
real profit profit réel *m*
realizable securities valeurs réalisables *f*
reason for claim motif de réclamation *m*
rebate remise *f*, rabais *m*
receipt reçu *m*; [*of goods*] réception *f*
to **receipt** acquitter, quittancer
receipt at domicile prise à domicile *f*
receipt of payment reçu *m*
receipts recettes *fpl*
to **receive a commission** percevoir une commission
to **receive interest** toucher un intérêt
to **receive money** encaisser de l'argent
received stamp cachet d'arrivée *m*
received with thanks [*on receipt*] pour acquit
receiver syndic de faillite *m*
receivership règlement judiciaire *m*; *to be in receivership* être en règlement judiciaire
receiving depot dépôt de réception *m*
recession récession *f*
recognized agréé
to **record** enregistrer
record level niveau record *m*
recorded delivery envoi recommandé *m*; *to send sth recorded delivery* envoyer qch en recommandé
recording of an order enregistrement d'une commande *m*
to **recoup one's expenditure** récupérer ses débours
to **recoup one's investment** rentrer dans ses fonds

recourse

recourse recours *m*
recourse against the endorser recours contre l'endosseur *m*
to **recover one's expenses** rentrer dans ses frais
recoverable récupérable; [*debts*] recouvrable
recoverable packaging emballage récupérable *m*
recovery [*economic*] reprise *f*, relèvement *m*; [*of packaging etc*] récupération *f*
recovery of foreign debt recouvrement de créance étrangère *m*
red clause credit crédit "red clause" *m*
to **redeem** rembourser
to **redeem a bond** racheter une obligation
redeemable rachetable
redemption remboursement *m*; [*of bond*] rachat *m*
rediscount réescompte *m*
to **rediscount** réescompter
to **redistribute** redistribuer
to **reduce** réduire
to **reduce stocks** réduire des stocks, dégonfler des stocks, déstocker des marchandises
reduced réduit
reduced rate tarif réduit *m*
reduction rabais *m*, réduction *f*
reduction in stocks déstockage *m*
reefer *adj* réfrigéré
re-export réexportation *f*
to **re-export** réexporter
reference number numéro de référence *n*
referred: hereinafter referred to as ci-après dénommé
refrigerated lorry camion réfrigéré *m*
refund remboursement *m*
to **refund** rembourser
refundable remboursable
refundable packaging emballages consignés *mpl*
regional régional
regional director directeur régional *m*
regional manager directeur régional *m*
register registre *m*
to **register a letter** recommander une lettre
to **register a trademark** déposer une marque
to **register goods** immatriculer des marchandises
registered and insured parcel colis chargé *m*
registered letter pli recommandé *m*
registered mail: by registered mail par pli recommandé
registered model modèle déposé *m*
registered office siège social *m*
registered security titre nominatif *m*
registered trademark marque déposée *f*, marque protégée *f*
registration [*of goods*] enregistrement *m*, immatriculation *f*; [*of trademark*] dépôt *m*
registration fees droits d'enregistrement *mpl*
registration in the trade register inscription sur le registre du commerce *f*
registration office bureau d'enregistrement *m*
regular customer client régulier *m*
regular customer rebate ristourne de fidélité *f*

regular supplier fournisseur habituel *m*
regulation règlement *m*
reimbursement remboursement *m*
reimport réimportation *f*
to **reimport** réimporter
reinsurance réassurance *f*
to **reinsure** réassurer
reinsurer réassureur *m*
to **reinvest** réinvestir
reject rebut *m*
to **reject** rejeter
rejection rejet *m*
to **release funds** dégager des fonds, débloquer des fonds
release of funds dégagement de fonds *m*
remainder restant *m*
to **remark** remarquer
reminder rappel *m*
reminder of account outstanding rappel de compte *m*
to **remit for collection** remettre à l'encaissement
to **remit for discount** remettre à l'escompte
remittance paiement *m*, règlement *m*
remittance of bills remise d'effets *f*
remittance of funds envoi de fonds *m*
removal of customs barriers suppression des barrières douanières *f*
to **renegotiate** renégocier
renegotiation renégociation *f*
to **renew a bill of exchange** renouveler une traite
renewable reconductible, renouvelable
renewal reconduction *f*, renouvellement *m*
renewal clause clause de reconduction *f*
renewal date date de renouvellement *f*, date d'échéance *f*
renewal premium prime de renouvellement *f*
renunciation of claim renonciation à recours *f*
to **repay** rembourser
repayable remboursable
repayment remboursement *m*
to **repeat an order** renouveler une commande
repeat order commande renouvelée *f*
replacement value insurance assurance "ad valorem" *f*
to **replenish stocks** reconstituer des stocks
reply coupon bulletin-réponse *m*, coupon-réponse *m*
report rapport *m*
to **re-present a bill for acceptance** représenter une traite à l'acceptation
representative représentant *m*
repurchase rachat *m*, réméré *m*
request: demande *f*; *at the request of* à la demande de; *on request* sur demande
to **request** demander
request for further time to pay demande de délai de paiement *f*
request for payment demande de règlement *f*, demande de paiement *f*
requirements exigences *fpl*
to **reroute** dérouter
rerouting déroutement *m*
rerouting of goods déroutage de marchandises *m*
to **reschedule a delivery** reprogrammer une livraison
to **rescind** [*contract*] résilier

rescindable

rescindable résiliable
residual value valeur résiduelle *f*
resource ressource *f*
to **restock** réapprovisionner
restocking réapprovisionnement des stocks *m*
restriction restriction *f*
restrictive restrictif, limitatif
retail détail *m*
retail price prix de détail *m*
retail price index indice des prix de détail *m*
retail shipment expédition de détail *f*
retail trade commerce de détail *m*
retail wholesale demi-gros *m*
retailer détaillant *m*
retailing vente au détail *f*
retention of title réserve de propriété *f*
retention of title clause clause de réserve de propriété *f*
to **retire a bond** racheter une obligation
retroactive cancellation annulation rétroactive *f*
return renvoi *m*, retour *m*; [*tax etc*] déclaration *f*; *by return (of mail)* par retour du courrier
to **return a bill** retourner un effet
return free of charge retour sans frais *m*
return on investment retour sur l'investissement *m*
return on sales retour sur ventes *m*
return to sender (à) renvoyer à l'expéditeur, renvoi à l'expéditeur
returnable packaging emballage consigné *m*
returned cheque chèque retourné *m*
returns rendus *mpl*
revaluation réévaluation *f*
to **revalue** réévaluer

revenue and expenditure recettes et dépenses *fpl*
reverse verso *m*
to **revise** réviser
to **revise downwards** réviser à la baisse
to **revise upwards** réviser à la hausse
revocable révocable
revocable letter of credit crédit documentaire révocable *m*
revolving credit crédit revolving *m*
revolving letter of credit crédit documentaire renouvelable *m*, crédit revolving *m*
RID RID *m*
rider avenant *m*
rig [*truck*] semi-remorque *m*
right droit *m*
right of entry droit d'admission *m*
right of recourse droit de recours *m*
riot émeute *f*
to **rise sharply** augmenter fortement
rise in the price of a product élévation du prix d'un produit *f*
risk risque *m*; *to take a risk* prendre un risque
road route *f*; *to send sth by road* envoyer qch par route
road haulage camionnage *m*
road haulage forwarding agent groupeur routier *m*
road haulier transporteur routier *m*, affréteur routier *m*
road transport transport routier *m*
rock-bottom [*price*] sacrifié; *to sell goods at rock-bottom prices* sacrifier des marchandises
RoRo roulier
to **round off** arrondir
routing [*action*] routage *m*; [*route*] itinéraire *m*
Royal Exchange *equivalent to*

Bourse de commerce *f*
royalties royalties *fpl*
rubber cheque chèque en bois *m*, chèque sans provision *m*
to **run a business** diriger un commerce
to **run low on stocks** épuiser des stocks
to **run risks** encourir des risques
running cost [*of machine*] coût de fonctionnement *m*
running costs charges d'exploitation *fpl*

S

sabotage sabotage *m*
to **sabotage** saboter
safeguard clause clause de sauvegarde *f*
safety standards normes de sécurité *fpl*
sailing card liste des navires en partance *f*
sale vente *f*
sale agreement compromis de vente *m*
sale at arrival vente à l'arrivée *f*
sale at departure vente au départ *f*
sale by auction vente aux enchères *f*
sale by private agreement vente à l'amiable *f*
sale of stock écoulement de stocks *m*
saleability facilité d'écoulement *f*
saleable vendable
sales ventes *fpl*; [*turnover*] chiffre d'affaires *m*, CA *m*
sales analysis analyse des ventes *f*
sales and marketing vente-marketing *f*
sales and marketing manager responsable du service commercial *mf*
sales budget budget des ventes *m*
sales campaign campagne de vente *f*
sales commission commission de vente *f*
sales contract contrat de vente *m*
sales counter comptoir de vente *m*
sales department service des ventes *m*
sales director directeur des ventes *m*
sales engineer ingénieur des ventes *m*
sales figures chiffre d'affaires *m*
sales force équipe de vente *f*, force de vente *f*
sales forecast prévision des ventes *f*

sales invoice

sales invoice facture de vente *f*
sales ledger livre de ventes *m*
sales letter lettre de vente *f*
sales licence licence de vente *f*
sales literature littérature commerciale *f*
salesman vendeur *m*; [*rep*] représentant *m*
sales management direction commerciale *f*
sales manager chef des ventes *m*
sales monopoly monopole de vente *m*
sales network réseau de vente *m*
sales objective objectif de vente *m*
sales promotion promotion des ventes *f*, animation des ventes *f*
sales representative agent commercial *m*
sales subsidiary filiale de vente *f*
sales target objectif de vente *m*
sales tax taxe sur le chiffre d'affaires *f*, TCA *f*
sales team équipe de vente *f*
sales technician ingénieur technico-commercial *m*
sales technique technique de vente *f*
sales tool instrument de vente *m*
sales volume volume des ventes *m*
sample échantillon *m*; *not up to sample* non conforme à l'échantillon
to **sample** essayer
sampling échantillonnage *m*
satisfaction or your money back remboursement garanti
to **satisfy demand** satisfaire à la demande
to **saturate** saturer
saturated saturé
saturation point point de saturation *m*
to **save** économiser
scheduling ordonnancement *m*
scheduling and planning department bureau d'ordonnancement *m*
scope of cover objet de garantie *m*
sea freight services messageries maritimes *fpl*
sea port port maritime *m*
seal cachet *m*
sealed bid soumission cachetée *f*
seasonal market variations variations saisonnières du marché *fpl*
seasonal variation variation saisonnière *f*
secondary sector secteur secondaire *m*
sector of the market secteur du marché *m*
to **secure a loan** nantir un prêt
to **secure by warrant** warranter
secured creditor créancier nanti *m*
secured loan emprunt garanti *m*
securities titres *mpl*
securities issued valeurs émises *fpl*
security [*share*] titre *m*; [*for loan*] nantissement *m*, caution *f*; [*of premises*] sécurité *f*; [*guards*] gardiennage *m*
security deposit dépôt de garantie *m*
security personnel gardiens *mpl*
seen and approved vu et approuvé
seizure saisie *f*
to **sell at a loss** vendre à perte
to **sell for cash** vendre au comptant
to **sell forward** vendre à terme
to **sell goods at a rock-bottom price** sacrifier des marchandises
to **sell on credit** vendre à crédit

shipping

to **sell off goods** écouler des marchandises
to **sell privately** vendre de gré à gré
seller vendeur *m*
selling at a loss vente à perte *f*
selling points argumentaire *m*
selling price prix de vente *m*
semi-finished goods produits semi-finis *mpl*
semi-manufactured product demi-produit *m*
to **send** envoyer, expédier
sender envoyeur *m*, expéditeur *m*
sending depot dépôt d'expédition *m*
sensitive goods marchandise "sensible" *f*
sent: being sent to destiné à
serial number numéro de série *m*
service service *m*
service company entreprise prestataire de services *f*, entreprise de service *f*
service provider prestataire de services *m*
service supplier prestataire de services *m*
services prestations *fpl*
services supplier list liste des prestataires *f*
servicing a loan service d'un emprunt *m*
to **set a ceiling** fixer un plafond
to **set a price** établir un prix, fixer un prix
to **set the rate of** tarifer
to **set up a business** créer une entreprise, fonder une entreprise
to **set up an account** ouvrir un compte
to **set up overseas** s'implanter à l'étranger
set of bills of exchange jeu de lettres de change *m*
setting of rates tarification *f*
setting up an account ouverture d'un compte *f*
setting up of a business création d'une entreprise *f*, fondation d'une entreprise *f*
to **settle** régler
to **settle out of court** régler à l'amiable
settlement règlement m
settlement discount remise pour règlement rapide *f*
settlement period délai de règlement *m*, terme de liquidation *m*
settlement value valeur transactionnelle *f*
share capital capital social *m*
share certificate titre d'action *m*
shareholder actionnaire *mf*
shares actions *fpl*
shed hangar *m*
to **shed its load** renverser son chargement
to **shift** *vt* délocaliser
shifting [*of cargo*] désarrimage *m*
ship navire *m*
to **ship** [*send*] expédier, envoyer; [*load*] embarquer
ship broker courtier maritime *m*
shipment expédition *f*, envoi *m*; *a shipment* un envoi
shipment of goods expédition de marchandises *f*
shipowner fréteur *m*
shipped bill connaissement embarqué *m*
shipped weight poids embarqué *m*
shipper expéditeur *m*
shipping expédition *f*; [*loading*] embarquement *m*

149

shipping address adresse de livraison *f*

shipping agent commissionnaire de transport *mf*, agent maritime *m*

shipping company compagnie de navigation *f*

shipping costs frais d'expédition *mpl*; [*by ship*] frais d'embarquement *mpl*

shipping (department) expéditions *fpl*, service de l'expédition *m*

shipping documents documents d'expédition *mpl*, documents maritimes *mpl*

shipping exchange bourse de fret *f*

shipping instructions instructions pour l'expédition *fpl*

shipping instructions form formulaire présentant les instructions pour l'expédition *m*

shipping line ligne maritime *f*

shipping marks marques d'expédition *fpl*

shipping note permis d'embarquement *m*

shipping office agence maritime *f*

ship's manifest manifeste *m*

shop magasin *m*; [*workshop*] atelier *m*

shop-soiled défraîchi

short: 50 short of the thousand mille moins 50

short-dated bill effet à courte échéance *m*

short payment moins-perçu *m*

short-term à court terme

short-term credit crédit à court terme *m*

short-term financing financement à court terme *m*

short-term loan prêt à court terme *m*

short-term objective objectif à terme *m*

shortage: a shortage of une pénurie de

shortages manquants *mpl*

shrinkage [*through pilferage*] coulage *m*

shrink-wrapped sous film plastique

side: this side up haut!

sight: at sight à vue

sight bill effet à vue *m*

sight clause disposition à vue *f*

sight draft traite à vue *f*

sight letter of credit crédit utilisable à vue *m*

sight paper papier à vue *m*

to **sign** signer

to **sign a deal** passer un marché

signatory signataire *mf*

signature: to put one's signature to apposer sa signature à

signing of a contract signature d'un contrat *f*

simple average moyenne simple *f*

simple interest intérêt simple *m*

Single Market Marché unique *m*

single price prix unique *m*

size dimension *f*

slack inactif

to **slash prices** casser les prix

slip bon *m*

slowdown ralentissement *m*

to **slow down** ralentir

sluggish inanimé

slump effondrement *m*

to **slump** s'effondrer

slump in prices dégringolade des prix *f*

small business PME *f*

to **soar** monter en flèche

society association *f*

soft loan prêt bonifié *m*

sola of exchange seule de change *f*
sole agency représentation exclusive *f*
sole agency contract contrat de représentation exclusive *m*
sole agent agent exclusif *m*
solvency solvabilité *f*
solvent solvable
soon: as soon as possible dans les plus brefs délais
sort code code d'identification *m*
spare part pièce de rechange *f*, pièce détachée *f*
special clause clause particulière *f*
special rate tarif spécial *m*
specification spécification *f*
specifications [*in tender*] cahier des charges *m*
to **specify** spécifier
to **spend** dépenser
spiralling prices dérapage des prix *m*
to **spoil** détériorer
to **spoil the market** gâter le marché
spoiled goods marchandises avariées *fpl*
to **sponsor** parrainer
sponsorship parrainage *m*
spot buying achat au comptant *m*
spot price cours spot *m*
spot rate cours à vue *m*, cours spot *m*
to **spread deliveries** échelonner des livraisons
to **spread payments** échelonner des paiements
SSN (=standard shipping note) permis d'embarquement standard *m*, avis d'expédition standard *m*
stabilization stabilisation *f*
to **stabilize prices** stabiliser les prix
stable stable
stage of production phase de production *f*
staged payments paiements échelonnés *mpl*
to **stagger payments** échelonner les paiements
staggered payments versements échelonnés *mpl*
stagnant stagnant
stagnation stagnation *f*
stale bill connaissement périmé *m*
to **stamp a bill** viser un effet
stamp duty droit de timbre *m*
stamped [*with seal*] estampillé
to **stand guarantor for** se porter garant envers
to **stand surety for** cautionner, se porter garant envers
standard norme *f*; *to make a product comply with standards* adapter un produit aux normes
standard normalisé, standard
standard cost coût préétabli *m*, coût standard *m*
standard EC waybill feuille de route-type CEE *f*
standard rate taux normal *m*
standard shipping note permis d'embarquement standard *m*, avis d'expédition standard *m*
standardization normalisation *f*, standardisation *f*
to **standardize** standardiser, normaliser
standards and practices normes et usages *mpl*
standards catalogue catalogue de normes *m*
standing order ordre de prélèvement permanent *m*
to **start legal proceedings** introduire une instance
start-up démarrage *m*

start-up capital capital initial *m*, capital de départ *m*
start-up costs frais d'établissement *mpl*
to **state** affirmer
state monopoly monopole de l'état *m*
state of the market état du marché *m*
statement affirmation *f*
statement of account relevé de compte *m*
statement of claim for an unpaid debt déclaration de créance impayée *f*
statement of invoices relevé de factures *m*
station gare *f*
statistical data données statistiques *fpl*
statistics statistiques *fpl*
status [*on shipping note*] statut *m*
status enquiry department service des renseignements commerciaux *m*
status report état de situation *m*
statute of limitations prescription *f*
statutory statutaire, réglementaire
statutory holiday jour férié *m*
statutory reserve réserve statutaire *f*
steadiness of prices fermeté des prix *f*
sterling area zone sterling *f*
stevedore docker *m*
stimulation stimulation *f*
to **stipulate** stipuler
to **stipulate conditions** stipuler des conditions
to **stipulate in a contract** stipuler par contrat
stipulation stipulation *f*
stock stock *m*; *to be out of stock* être en rupture de stock
stock *Am* titres *mpl*, actions *fpl*

to **stock goods** stocker des marchandises
stock book livre des inventaires *m*
stock control contrôle de stocks *m*, gestion de stocks *f*
stock control system système de contrôle de stocks *m*
stock in hand existence en magasin *f*
stock issued docket/form bon de sortie *m*
stock keeping tenue des stocks *f*
stock market value valeur en Bourse *f*
stock outage rupture de stock *f*
to **stockpile** accumuler
stockpiling accumulation *f*
stock received docket/form bon d'entrée *m*
stock replacement renouvellement des stocks *m*
stock sheet fiche de stock *f*
stock shrinkage coulage de stocks *m*
stock take recensement *m*, constatation de stock *f*
stock turnaround rotation des stocks *f*
stock turnover rotation des stocks *f*
stock turnover ratio coefficient de rotation des stocks *m*
to **stop a cheque** faire opposition à un chèque
to **stop payments** suspendre les paiements
stoppage of payment(s) [*definitive*] arrêt de paiement *m*, cessation de paiement *f*
storage emmagasinage *m*, entreposage *m*
storage costs frais d'entreposage *mpl*
store magasin *m*
to **store** emmagasiner, entreposer
storesman magasinier *m*

storm damage dégâts causés par une tempête *mpl*
stowage arrimage *m*
straightline rate taux linéaire *m*
strict deadline délai de rigueur *m*
strike grève *f*; *to go on strike* faire (la) grève
to **strike a deal** conclure un marché
striker gréviste *mf*
string ficelle *f*
strong currency devise forte *f*
study étude *f*
to **study** étudier
to **subcontract** sous-traiter
subcontracting sous-traitance *f*
subcontractor sous-traitant *m*
subject to customs duty soumis aux droits de douane
subject to payment moyennant paiement
subject to tax soumis à l'impôt
to **subject to tax** soumettre à l'impôt
subsidiary filiale *f*
subsidized subventionné
subsidy subside *m*, subvention *f*
subtotal sous-total *m*
successful tenderer adjudicataire *mf*
to **sue sb** poursuivre qn en justice
to **suffer losses** subir des pertes
sum somme *f*, montant *m*
summons sommation *f*, citation *f*
sums due from customers créances clients *fpl*
supplementary charges frais supplémentaires *mpl*
supplementary costs frais supplémentaires *mpl*
supplementary cover garanties complémentaires *fpl*
supplier fournisseur *m*
supplier credit crédit-fournisseur *m*, avoir-fournisseur *m*
supplier's code code fournisseur *m*
supplies fournitures *fpl*
supply fourniture *f*, approvisionnement *m*
to **supply** fournir; [*sb*] approvisionner
to **supply information** fournir des renseignements
to **supply sb with sth** approvisionner qn en qch
supply and demand l'offre et la demande *f*
supply price prix d'offre *m*
to **support prices** soutenir les prix
surcharge surtaxe *f*
surety caution *f*
surety for a loan sûreté en garantie d'une créance *f*
surface *adj* par voie de terre et/ou de mer; *by surface transport* par voie de terre et/ou de mer
surplus surplus *m*, excédent *m*
surplus en surplus, excédentaire
surrender value valeur de rachat *f*
survey enquête *f*
suspension of payment suspension d'un paiement *f*
SWIFT transfer virement SWIFT *m*
sympathy strike grève de solidarité *f*

T

tachograph tachygraphe *m*
tacit agreement convention tacite *f*
tackle: under ship's tackle sous palan
to **take in charge** [*goods*] prendre en charge
to **take legal proceedings** engager des poursuites judiciaires
to **take out insurance** contracter une assurance
takeover bid offre publique d'achat *f*, OPA *f*
tanker [*lorry*] camion-citerne *m*; [*ship*] navire-citerne *m*
tapering rate tarif dégressif *m*
tare [*of goods*] tare *f*; [*of vehicle*] poids à vide *m*
to **tare** [*goods*] tarer; [*vehicle*] peser à vide
to **target** cibler
target area région-cible *f*
target market marché-cible *m*
tariff tarif *m*
tariff tarifaire
tariff barrier barrière tarifaire *f*
tax impôt *m*, taxe *f*
to **tax** imposer, taxer
tax allowance déduction fiscale *f*, abattement fiscal *m*
tax assessment avis d'imposition *m*
tax benefit avantage fiscal *m*
tax bracket tranche d'imposition *f*
tax burden pression fiscale *f*

tax clearance quitus fiscal *m*
tax code code taxe *m*
tax collection recouvrement d'impôts *m*, perception d'impôts *f*
tax collector percepteur *m*
tax deductible déductible des impôts
tax deduction prélèvement fiscal *m*
tax evasion fraude fiscale *f*
tax exempt exempt d'impôts
tax exemption exonération d'impôts *f*, exonération fiscale *f*
tax free hors taxe, franc d'impôts
tax haven paradis fiscal *m*
tax incentive incitation fiscale *f*
tax loophole échappatoire fiscale *f*
tax man fisc *m*
tax point date de facturation *f*
tax provision disposition fiscale *f*
tax reduction *Am* abattement fiscal *m*
tax refund [*on goods*] détaxe *f*
tax relief dégrèvement *m*, dégrèvement fiscal *m*
tax revenue recettes fiscales *fpl*
tax system fiscalité *f*, régime d'imposition *m*
tax tolerance tolérance fiscale *f*
taxable imposable; [*goods*] taxable
taxable profit bénéfice imposable *m*
taxation imposition *f*, taxation *f*, ponction fiscale *f*
technical specifications spécifications techniques *fpl*

technical standard norme technique *f*

telegraphic payment paiement télégraphique *m*

telex (message) télex *m*, message télex *m*

to **telex sb** envoyer un télex à qn

telex transfer virement par télex *m*

temporary entry admission temporaire *f*

tender soumission *f*, offre *f*

to **tender** soumissionner

to **tender for** soumissionner

tender documents dossier d'appel d'offres *m*

tender form formule de soumission *f*

tender insurance assurance offre *f*

tenderer soumissionnaire *mf*; ***successful tenderer*** adjudicataire *mf*

term [*duration*] durée *f*; [*condition*] terme *m*, condition *f*

term draft traite à terme *f*

term insurance cover couverture à terme *f*

term of a contract [*period*] durée d'un contrat *f*

terminal [*maritime*] gare maritime *f*; [*for containers*] terminal *m*

terminal building [*at airport*] aérogare *f*

to **terminate** résilier

to **terminate a contract** résilier un contrat, dénoncer un contrat

termination résiliation *f*

termination clause clause de résiliation *f*

terms and conditions of a contract termes d'un contrat *mpl*, conditions d'un contrat *fpl*

terms of credit conditions de crédit *fpl*

terms of payment termes de paiement *mpl*, conditions de paiement *fpl*

terms of trade termes de l'échange *mpl*

tertiary sector secteur tertiaire *m*

test test *m*, essai *m*

to **test a new product** tester un nouveau produit

test area région test *f*

test market marché test *m*

to **test market** tester

test marketing expérimentation *f*, test de marché *m*

testing laboratory laboratoire d'essai de produits *m*

theft vol *m*

theft cover garantie vol *f*

theft insurance assurance vol *f*

theft risk risque de vol *m*

third party holder tiers détenteur *m*

third party insurance assurance au tiers *f*

third party owner tiers possesseur *m*

30 days from the end of the month à 30 jours fin de mois

this side up haut!

thousand francs kilofranc *m*

through bill connaissement direct *m*

through freight fret à forfait *m*

throwaway packaging emballage perdu *m*

to **tie up** ficeler

tied up [*capital*] immobilisé

TIF TIF *m*

time bill traite à terme *f*

time difference décalage horaire *m*

TIR TIR *m*

title holder propriétaire *mf*

today: from today à dater de ce jour

toll péage *m*

ton tonne *f*

tonnage certificate

tonnage certificate certificat de jaugeage *m*
tonne tonne *f*
top of the range haut de gamme
total total *m*
to **total** [*amount to*] se chiffrer à; [*add up*] totaliser
total amount montant total *m*
total asset value valeur de bilan *f*
total constructive loss perte totale *f*
total fixed cost coût fixe total *m*
total insured value valeur totale assurée *f*
total loss perte totale *f*
total loss settlement règlement en perte totale *m*
total payable total à payer *m*
total receipts total des recettes *m*
total revenue revenu total *m*
total sales chiffre d'affaires global *m*
total unit cost coût complet unitaire *m*
total weight poids total *m*
totalling chiffrage *m*
trade commerce *m*, échanges commerciaux *mpl*
trade *adj* commercial
to **trade** commercer, faire du commerce
trade agreement accord commercial *m*
trade association corps de métier *m*, groupement professionnel *m*, syndicat professionnel *m*
trade ban interdiction de commerce *f*
trade centre place commerciale *f*
trade debtors créances clients *fpl*
trade directory annuaire du commerce *m*
trade discount escompte commercial *m*
trade exhibition foire-exposition *f*

trade fair foire commerciale *f*, exposition commerciale *f*
trade journal revue professionnelle *f*
trademark marque *f*, marque de commerce *f*, marque de fabrique *f*
trade mark registration dépôt de marque *m*
trade mission mission commerciale *f*
trade name dénomination commerciale *f*, nom commercial *m*
trade policy politique commerciale *f*
trade references références commerciales *fpl*
trade register Registre du commerce *m*
trade route route commerciale *f*
trade tribunal tribunal de commerce *m*
trade union syndicat *m*; *to be a member of a trade union* être syndiqué
trade union member syndiqué *m*
trade unionism syndicalisme *m*
trade unionist syndicaliste *mf*
trading company société de négoce *f*
trading partners partenaires commerciaux *mpl*
trading year exercice commercial *m*
trailer remorque *f*
transaction opération *f*
transfer virement *m*
to **transfer** virer
transfer advice avis de virement *m*
transfer by endorsement transmission par endossement *f*
transfer cheque chèque de virement *m*
transfer of capital transfert de capitaux *m*
transfer of costs transfert de frais *m*
transfer of funds transfert de fonds *m*

transfer order ordre de virement *m*
transferable by endorsement transmissible par endossement
transferable credit crédit transférable *m*
transferable document document transmissible *m*
transferable letter of credit crédit transférable *m*
transire passavant *m*, laissez-passer *m*
transit transit *m*; *in transit* en transit
transit bill passavant *m*
transit charges droits de transit *mpl*
transit declaration déclaration de transit *f*
transit method régime de transit *m*
to **translate** traduire
to **transport** transporter
transport charges frais de transport *mpl*
transport company entreprise de transport *f*
transport cover garantie transport *f*
transport document titre de transport *m*, document de transport *m*
transport of goods transport de marchandises *m*
transport on own account transport pour compte propre *m*
transport strike grève des transports *f*
transportable transportable

transportation agreement contrat de transport *m*
transportation insurance assurance transport *f*
to **transship** transborder
transshipment transbordement *m*
transshipment bill of lading connaissement de transbordement *m*
transshipment note acquit de transit *m*
Treasury ministère de l'Economie et des Finances *m*
Treasury Department Direction du Trésor *f*
trend tendance *f*
trial essai *m*
trial period période d'essai *f*
triplicate: in triplicate en triple exemplaire
truck camion *m*
trucker *Am* camionneur *m*
trucking *Am* camionnage *m*
true copy copie conforme *f*
trust company société fiduciaire *f*
turn(a)round time escale *f*
turnkey clés en main
turnkey plant usine clés en main *f*
turnover chiffre d'affaires *m*, CA *m*
turnover of capital roulement de capitaux *m*
turnover tax impôt sur le chiffre d'affaires *m*

U

ULD (=unit loaded) shipment expédition en unité de chargement *f*
UN (=United Nations) ONU *f*
unaffordable inabordable
unavailable indisponible
unbeatable imbattable
unchanged inchangé
unconditional guarantee garantie inconditionnelle *f*
under-production sous-production *f*
under ship's tackle sous palan
undertaking engagement *m*
under the terms of the contract conformément aux termes du contrat
to **underwrite** souscrire, garantir
underwriter souscripteur *m*
underwriting commission commission de garantie *f*
undiscountable inescomptable
unexchangeable inéchangeable
unfair competition concurrence déloyale *f*
unfavourable défavorable
unfit for consumption impropre à la consommation
to **unfreeze credits** dégeler des crédits
unfreezing of prices déblocage des prix *m*
uniform rate taux uniforme *m*
unilateral unilatéral

unit cost coût unitaire *m*
unit price prix unitaire *m*
unit trust Société d'investissement à capital variable *f*, SICAV *f*
unlimited [*cover*] sans limitation de somme
to **unload** décharger; [*from ship*] débarquer
unloading déchargement *m*; [*from ship*] débarquement *m*
unloading dock quai de déchargement *m*
unloading note/permit permis de débarquement *m*
unloading platform plate-forme de déchargement *f*
to **unpack goods** déballer des marchandises
unpacking of goods déballage de marchandises *m*
unpaid impayé
unpaid debt créance impayée *f*
unrecoverable irrécouvrable
unrecovered debt créance impayée *f*
unsaleable invendable
unsecured creditor créancier ordinaire *m*
unsellable invendable
unsold goods invendus *mpl*
untapped inexploité
to **untie** déficeler
UP (=unit price) PU *m*
update mise à jour *f*

visible defects

to **update** mettre à jour
up market haut de gamme
upsurge in poussée de *f*
up to: up to 500 jusqu'à 500
upward movement mouvement ascensionnel *m*
urgent urgent
useful life vie utile *f*, durée d'usage *f*
user utilisateur *m*
usual habituel

V

vacuum-packed emballé sous vide
validity validité *f*; [*of claim*] bien-fondé *m*
valuation évaluation *f*, expertise *f*
valuation charge taxation à la valeur *f*
value valeur *f*
to **value** expertiser
value added tax taxe sur la valeur ajoutée *f*
value for collection valeur à l'encaissement *f*
value of contents valeur du contenu *f*
valued customer card carte de fidélité *f*
van [*railways*] fourgon *m*
variable costs coûts variables *mpl*
variable-rate interest intérêt variable *m*
variable unit cost coût variable unitaire *m*
VAT (=value added tax) TVA *f*
VAT credit crédit de TVA *m*
VAT exempt amount montant exempt de TVA *m*
VAT exemption franchise de TVA *f*, exonération de TVA *f*
VAT rate taux de TVA *m*
VAT rebate décote de TVA *f*
VAT-registered person déclarant de TVA *m*
VAT registration number code assujetti TVA *m*
VAT return déclaration de TVA *f*
vehicle véhicule *m*
venture capital capital-risque *m*
verbal agreement convention verbale *f*, accord verbal *m*
vertical integration concentration verticale *f*
vessel navire *m*
via via
to **violate a contract** enfreindre un contrat
violation of infraction à *f*
visible defects défauts apparents *mpl*

visual check contrôle visuel *m*
void nul
volume volume *m*
volume of business volume des affaires *m*

voluntary standards normes d'application volontaire *fpl*
voucher bon *m*; [*accounting*] pièce justificative *f*
voyage traversée *f*

W

wages salaire *m*
waiting period délai d'attente *m*
waiver renonciation *f*
war risk risques de guerre *mpl*
warehouse entrepôt *m*; *to put goods in a warehouse* entreposer des marchandises
to **warehouse goods** entreposer des marchandises
warehouseman entrepositaire *m*, manutentionnaire *m*, magasinier *m*
warehouse manager responsable d'entrepôt *mf*
warehouse receipt récépissé d'entreposage *m*
warehouse warrant certificat d'entreposage *m*
warehousing entreposage *m*
warehousing charges frais d'entreposage *mpl*
warehousing of export goods entreposage (de marchandises destinées) à l'exportation *m*

warehousing of import goods entreposage (de marchandises destinées) à l'importation *m*
warrant warrant *m*, warrant cédule *m*
to **warrant** warranter
warranty garantie *f*; *under warranty* sous garantie
warranty certificate certificat de garantie *m*
Warsaw Convention convention de Varsovie *f*
wastage freinte *f*
water damage dégâts des eaux *mpl*
waybill connaissement *m*, lettre de voiture *f*, feuille de route *f*
wear usure *f*
wear and tear usure *f*
weekly hebdomadaire
to **weigh** peser
weighing pesage *m*
weight poids *m*
weight charge taxation au poids *f*
weight limit limite de poids *f*

weighted pondéré
weighted average moyenne pondérée *f*
weighted average unit cost coût unitaire moyen pondéré *m*
weighting pondération *f*
wharf quai *m*
whole: one whole day un jour franc
wholesale: to buy wholesale acheter en gros
wholesale co-operative coopérative d'achats *f*
wholesale price prix de gros *m*
wholesale price index indice des prix de gros *m*
wholesale trade commerce de gros *m*
wholesaler grossiste *m*
wholesaling vente en gros *f*
wildcat strike grève sauvage *f*
to **win a contract** remporter un marché
to **withdraw goods from circulation** retirer des marchandises de la circulation
withdrawal of goods retrait de marchandises *m*
to **withhold** [*from amount of money*] prélever, retenir
to **withhold taxes** prélever des taxes

withholding [*from amount of money*] prélèvement *m*, retenue *f*
within dans un délai de
within the legal time limit dans les délais légaux
wooden pallet palette en bois *f*
wording of a clause énoncé d'une clause *m*
work permit permis de travail *m*
workshop atelier *m*
work to rule grève du zèle *f*
working capital fonds de roulement *m*
world market marché mondial *m*
worth valeur *f*; *to be worth* valoir
to **wrap up** envelopper
wreck naufrage *m*
writ of summons assignation *f*
to **write a cheque** libeller un chèque, établir un chèque
to **write off** amortir
writing: in writing par écrit
written agreement convention écrite *f*, accord écrit *m*
written document écrit *m*
written promise promesse écrite *f*
written undertaking engagement écrit *m*

Y

year an *m*, année *f*; ***per year*** par an
yearly average moyenne annuelle *f*

yield rendement *m*
to **yield annually** rapporter par an

Z

zero growth croissance zéro *f*
zero-rated exonéré de TVA

ZIP code *Am* numéro de code postal *m*

Annexes
Appendices

Connaissement

EXPEDITEUR		Connaissement No
		REF. EXPEDITEURS
DESTINATAIRE		**SOCIÉTÉ DE TRANSPORT DELATTE** avenue du Quai 2 62100 CALAIS
PARTIE ET ADRESSE (Il est convenu que le transporteur ou ses agents ne peuvent être tenus responsables en cas de non-notification au destinataire de l'arrivée des marchandises (voir clause 21 au verso))		

Traversée No	Lieu de réception *	Agent:
Navire	Port d'embarquement	
Port d'arrivée	Lieu de livraison *	

MARQUES ET Nos. Nos CONTENEURS	NOMBRE ET NATURE DES COLIS : DESIGNATION DES MARCHANDISES	POIDS BRUT kg	CUBAGE m³

INDICATIONS CI-DESSUS TELLES QUE FOURNIES PAR L'EXPEDITEUR MAIS NON CONFIRMEES PAR LE TRANSPORTEUR (VOIR CLAUSE 11)

NOMBRE TOTAL DE CONTENEURS/COLIS RECUS PAR LE TRANSPORTEUR	Reçu par l'expéditeur du transporteur apparemment en bon ordre et condition (sauf si spécifié différemment ci-dessus) le nombre total ou quantité totale de conteneurs ou autres colis ou unités indiqués dans la case ci-contre à la rubrique "* Nombre total de conteneurs/colis reçus par le transporteur" pour transport soumis à toutes les conditions afférentes (A L'INCLUSION DE LA CLAUSE LOI & JURIDICTION PREVUE DANS LA CLAUSE 25 AU VERSO ET LES CONDITIONS GENERALES FIGURANT EGALEMENT AU VERSO DE MEME QUE LES TERMES DU TARIF APPLIQUES PAR LE TRANSPORTEUR) depuis le lieu de réception ou le port d'embarquement, selon le cas, jusqu'au port d'arrivée ou lieu de livraison, selon le cas. Un connaissement original doit être remis, dûment endossé, en échange des marchandises. En approuvant ce connaissement, le négociant en accepte expressément toutes les conditions, qu'elles soient imprimées, estampillées ou manuscrites ou insérées de toute autre façon, et y souscrit, nonobstant la non-signature de ce connaissement par le négociant.
MOUVEMENT	
FRET ET COUT (indiquer si port payé ou port dû)	
Pays d'origine : coût du transport routier	
Terminal d'origine : coût de manutention/service LCL (en cas de chargement inférieur à la capacité du conteneur)	LIEU ET DATE D'EMISSION
Fret long-courrier	EN FOI du contrat ci-inclus, le nombre d'originaux cité ci-contre a été émis, un original étant rempli, l'autre (les autres) restant blanc(s).
Terminal de destination : coût de manutention/service LCL (en cas de chargement inférieur à la capacité du conteneur)	NOMBRE DE CONNAISSEMENTS ORIGINAUX : Pour le transporteur :
Pays de destination : coût du transport routier	

* APPLICABLE UNIQUEMENT LORSQUE LE DOCUMENT EST UTILISE COMME CONNAISSEMENT DE TRANSPORT COMBINE

Bill of lading

SHIPPER			B/L No.
			SHIPPERS REF.
CONSIGNEE			**REGINALD JONES SHIPPING LIMITED** 247 STRAND ROAD LONDON W12 3EX
NOTIFY PARTY AND ADDRESS (It is agreed that no responsibility shall attach to the Carrier or his Agents for failure to notify the Consignees of the arrival of the goods (see Clause 21 on the reverse.))			
Voyage No.	Place of receipt *	Agent:	
Vessel	Port of Loading		
Port of Discharge	Place of Delivery *		

MARKS AND Nos. CONTAINER Nos.	NUMBER AND KIND OF PACKAGES: DESCRIPTION OF GOODS	GROSS WEIGHT Kg	MEASUREMENT M^3

ABOVE PARTICULARS AS DECLARED BY SHIPPER BUT NOT ACKNOWLEDGED BY THE CARRIER (SEE CLAUSE 11)

*TOTAL No. OF CONTAINERS/PACKAGES RECEIVED BY THE CARRIER	Received by the Carrier from the Shipper in apparent good order and condition (unless otherwise noted herein) the total number or quantity of Containers or other packages or units indicated in the box opposite entitled "* Total No. of Containers/Packages received by the Carrier" for Carriage subject to all the terms and conditions hereof (INCLUDING THE LAW & JURISDICTION CLAUSE SET OUT IN CLAUSE 25 ON THE REVERSE SIDE AND THE GENERAL TERMS AND CONDITIONS ALSO SET OUT ON THE REVERSE HEREOF TOGETHER WITH THE TERMS AND CONDITIONS OF THE CARRIER'S APPLICABLE TARIFF) from the Place of Receipt or the Port of Loading, whichever is applicable, to the Port of Discharge or the Place of Delivery, whichever is applicable. One original Bill of Lading must be surrendered, duly endorsed, in exchange for the Goods. In accepting this Bill of Lading the Merchant expressly accepts and agrees to all its terms and conditions whether printed, stamped or written, or otherwise incorporated notwithstanding the non-signing of the Bill of Lading by the Merchant.
MOVEMENT	
FREIGHT AND CHARGES (indicate whether prepaid or collect)	
Origin Inland Haulage Charge	
Origin Terminal Handling/LCL Service Charge	PLACE AND DATE OF ISSUE
Ocean Freight	NUMBER OF ORIGINAL BILLS OF LADING / IN WITNESS of the contract herein contained the number of originals stated opposite have been issued, one of which being accomplished, the other(s) to be void.
Destination Terminal Handling/LCL Service Charge	For the Carrier:
Destination Inland Haulage Charge	

* APPLICABLE ONLY WHEN DOCUMENT USED AS A COMBINED TRANSPORT BILL OF LADING

Permis d'embarquement standard

IMPORTANT : UTILISEZ LE DOCUMENT POUR PRODUITS DANGEREUX SI LES PRODUITS SONT CLASSES DANGEREUX CONFORMEMENT AUX REGLEMENTS EN APPLICATION. VOIR CASE 10A	Exportateur 1	Douane : référence/statut 2		
		Numéro d'enregistrement 3	Exportateur : référence 4	
		Frais portuaires exigibles par * 5 ☐ exportateur ☐ fréteur autre (nom et adresse)	Transitaire : référence 6	
	Fréteur 7	Transporteur international 8		
		Réservé exclusivement aux instances destinataires		
	Autres renseignements sur le transport (ex. ICD, terminal, réf. réservation véhicule, dates de réception) 9			
	Navire/vol No et date Port/aéroport d'embarquement 10	10A La société qui prépare le présent document déclare qu'à sa connaissance les marchandises ont été désignées avec précision, que leur quantité, poids et dimensions sont corrects et qu'au moment de l'expédition elles étaient en bonne condition, qu'elles ne sont classées dangereuses par aucun règlement de l'OMI, l'ADR, le RID ou l'IATA/OACI applicable aux modes de transport choisis.		
	Port/aéroport d'arrivée Destination 11	AUX INSTANCES DESTINATAIRES - Veuillez réceptionner, afin de les expédier, les marchandises désignées ci-dessous suivant vos règlements et conditions publiés (y compris ceux relatifs à la responsabilité).		
	Marques d'expédition Nombre et nature des colis; désignation des marchandises; exigences d'arrimage particulières sûres 12	A l'usage des instances destinataires	Poids brut (kg) des marchandises 13	Cubage (m3) des marchandises 14
	Réservé exclusivement à la compagnie de navigation		Poids brut total des marchandises	Cubage total des marchandises

Conteneur(s)/remorque(s) : PREFIXE et numéro(s) 16	Numéro(s) cacheté(s) 16A	Conteneur(s)/remorque(s) : dimensions et nature 16B	Tare (kg) telle que indiquée sur la plaque CSC 16C	Total des cases 13 et 16C 16D	

RECEPTION DOCK/TERMINAL Reçu le nombre cité ci-dessus de colis/conteneurs/remorques en apparente bonne condition sauf si signalé sur le présent document. REMARQUES DES INSTANCES DESTINATAIRES	Nom de la société qui prépare le présent document 17
Dénomination de l'entreprise de transports	
No d'enregistrement du véhicule	Date
SIGNATURE DU CONDUCTEUR SIGNATURE ET DATE	(indiquer le nom et le numéro de téléphone de l'agent de liaison)

630 * Cocher comme il convient. Si la case 5 n'est pas remplie, la société qui prépare le présent document peut être passible d'acquittement des frais portuaires. Le non-remplissage d'une de ces cases est soumise à résolution par les parties contractantes.

Standard shipping note

IMPORTANT USE THE DANGEROUS GOODS NOTE IF THE GOODS ARE CLASSIFIED AS DANGEROUS ACCORDING TO APPLICABLE REGULATIONS SEE BOX 18A	Exporter [1]	Customs reference/status [2]	
		Booking number [3]	Exporter's reference [4]
		Port charges payable by * ☐ exporter ☐ freight forwarder other (name and address) [5]	Forwarder's reference [6]
	Freight forwarder [7]	International carrier [8]	
		For use of receiving authority only	
	Other UK transport details (e.g. ICD, terminal, vehicle bkg. ref., receiving dates) [9]		
	Vessel/flight no. and date Port/airport of loading [10]	The company preparing this note declares that, to the best of their belief, the goods have been accurately described, their quantities, weights and measurements are correct and at the time of despatch they were in good order and condition, that the goods are not classified as dangerous in any UK, IMO, ADR, RID or IATA/ICAO regulation applicable to the intended modes of transport [10A]	
	Port/aiport of discharge Destination	TO THE RECEIVING AUTHORITY - Please receive for shipment the goods described below subject to your published regulations and conditions (including those as to liability). [11]	

Shipping marks	Number and kind of packages; description of goods; non-hazardous special stowage requirements	[12] Receiving authority use	Gross wt (kg) of goods	[13] Cube (m3) of goods [14]

For use of shipping company only		Total gross weight of goods	Total cube of goods

PREFIX and container/trailer number(s) [16]	Seal number(s) [16A]	Container/trailer size(s) and type(s)	[16B] Tare wt (kg) as marked on CSC plate	[16C] Total of boxes 13 and 16C [16D]

DOCK/TERMINAL RECEIPT Received the above number of packages/containers/trailers in apparent good order and condition unless stated heron RECEIVING AUTHORITY REMARKS	Name of company preparing this note [17]
Haulier's name	
Vehicle reg. no.	Date
DRIVER'S SIGNATURE SIGNATURE AND DATE	(indicate name and telephone number of contact)

630 *Mark X as appropriate. If box 5 is not completed the company preparing this note may be held lliable for payment of port charges
Non-completion of any boxes is a subject for resolution by the contracting parties.

167

Lettre de transport aérien

Nom et adresse de l'expéditeur	Numéro de compte de l'expéditeur	LETTRE DE TRANSPORT AERIEN - NON NEGOCIABLE - EMISE PAR
		AIR ATLANTIC
Nom et adresse du destinataire	Numéro de compte du destinataire	COMPAGNIE NATIONALE DE TRANSPORTS AERIENS MEMBRE DE L'IATA ET DE L'ATAF Les exemplaires 1, 2 et 3 de cette lettre de transport aérien sont originaux et ont la même validité. Il est convenu que les marchandises décrites dans le présent document sont acceptées pour le transport en bon état apparent (sauf annotation contraire) et que le transport est SOUMIS AUX CONDITIONS DU CONTRAT QUI FIGURENT AU VERSO. L'ATTENTION DE L'EXPEDITEUR EST ATTIREE SUR L'AVIS CONCERNANT LA LIMITATION DE RESPONSABILITE DU TRANSPORTEUR. L'expéditeur peut augmenter cette limitation de responsabilité en déclarant une valeur pour le transport plus élevée et en payant des frais supplémentaires s'il y a lieu.
Nom et ville de l'agent du transporteur émetteur	Renseignements comptables	
Code IATA (ou ATAF) de l'agent Numéro de compte		

Aéroport de départ (Adresse du premier transporteur) et itinéraire demandé							Monnaie	Frais Poids/Val Payé Dû	Autres Payé Dû	Valeur déclarée pour le transport	Valeur déclarée pour la douane
à	Par premier transport.	Routage et Dest.	à	par	à	par					

Aéroport de destination	Vol/Date	Réservé au transporteur	Vol/Date	Montant de l'assurance	ASSURANCE - Si le transporteur propose une assurance et que l'expéditeur en fait la demande conformément aux conditions figurant au verso, indiquer le montant à assurer, en chiffres, dans la case «Montant de l'assurance».

Renseignements pour le traitement de l'expédition

Nombre de colis RCP	Poids brut kg	Classif. du tarif No d'article de la marchandise	Poids de taxation	Tarif/Montant	Total	Nature et quantité des marchandises (y compris dimensions ou volume)

Port payé	Taxation au poids	Port dû	Autres frais
V	Taxation à la valeur	V	

A	Total des autres frais dus à l'agent	A	L'expéditeur certifie que les indications portées sur le présent document sont exactes et que, dans la mesure où une partie quelconque de l'expédition contient des marchandises dangereuses, cette partie d'expédition est correctement dénommée et bien préparée pour le transport par air, conformément à la réglementation applicable.
C	Total des autres frais dus au transporteur	C	
			Signature de l'expéditeur ou de son agent
P Total port payé	Total port dû	P	
Taux conversion monnaie	Port dû en monnaie du pays de destination	U	Fait le (Date) à (Lieu) Signature du transporteur émetteur ou de son agent
Réservé au transporteur à destination	Frais à l'arrivée		Total dû W

Air waybill

Shipper's Name and Address	Shipper's Account Number	NOT NEGOTIABLE - AIR WAYBILL - ISSUED BY
		ATLANTIC AIR
Consignee's Name and Address	Consignee's Account Number	MEMBER OF IATA AND ATAF Copies 1, 2 and 3 of this Air Waybill are originals and have the same validity. It is agreed that the goods described herein are accepted in apparent good order and condition (except as noted) for carriage SUBJECT TO THE CONDITIONS OF CONTRACT ON THE REVERSE HEREOF. THE SHIPPER'S ATTENTION IS DRAWN TO THE NOTICE CONCERNING CARRIER'S LIMITATION OF LIABILITY. Shipper may increase such limitation of liability by declaring a higher value for carriage and paying a supplemental charge if required.

Issuing Carrier's Agent, Name and City	Accounting Information

Agent's IATA Code	Account Number	

Airport of Departure (Address of First Carrier) and Requested Routing

Currency	CHGS Code	WT/Val PPD COLL	Other PPD COLL	Declared Value for Carriage	Declared Value for Customs

to	By First Carrier	Rout. and Dest.	to	by	to	by					

Aiport of Destination	Flight/Date	For Carrier Use Only	Flight/Date	Amount of Insurance	INSURANCE - If Carrier offers insurance and such insurance is requested in accordance with conditions on reverse hereof, indicate amount to be insured in figures in box marked "Amount of Insurance"

Handling Information

(For USA only) These commodities licensed by USA for ultimate destination .... Diversion contrary to USA law prohibited

Number of Pieces	Gross Weight lb	Rate Class Commod. item No	Chargeable Weight	Rate/Charge	Total	Nature and quantity of Goods (incl. Dimensions or Volume)

Prepaid	Weight Charge	Collect	Other Charges

V	Valuation Charge	V	

A	Total Other Charges Due Agent	A	Shipper certifies that the particulars on the face hereof are correct and that insofar as any part of the consignment contains dangerous goods, such part is properly described by name and is in proper condition for carriage by air according to the applicable Dangerous Goods Regulations.
C	Total Other Charges Due Carrier	C	
			Signature of Shipper or his Agent

P	Total prepaid	Total Collect	P	
Currency Conversion Rates		Collect Charges in Destination Currency		
			U	Executed on (Date) at (Place) Signature of issuing Carrier or its Agent
For Carrier's Use only at Destination		Charges at Destination		Total Collect Charges W

169

Facture

Entreprise VERMEIL
11 rue d'Espagne
25000 BESANÇON

                        DOIT   Société GOMEZ
                                         Place des Anglaises
                                         25000 BESANÇON

Facture n° 458
Commande n° 6790   Date 21-3-93

Code produit	Désignation	Prix unitaire H.T.	Quantité	Montant
2396	Rame papier	32,90	10	329,00
		Total H.T. Remise 5% Net commercial TVA 18,60% Net à payer		329,00 16,45 312,55 58,13 370,68

Invoice

Hartfield Building Co
267 River Road
London
SW56 5RT

<u>Bank Account Details</u>

Thameside Bank PLC
23 Palace Drive
McAdams Greengrocers   London
45 Surrey Place   SW19 3CR
London
SW45 4RY   Sort Code: 92-07-32
                        Account No: 9281102

INVOICE No 93/057   Tax Point 31.7.93   VAT registration 5207-193-92

DETAILS	AMOUNTS	VAT 17 1/2%	TOTAL
Shelves fitted (ref.4597) 23 July 1993	141.00	24.68	165.68
TOTAL	141.00	24.68	165.68

PAYMENT 30 DAYS

Lettre de change

SPECIMEN

£ 67 000 Londres, 12 juillet 1993

A VUE DE CETTE SEULE DE CHANGE PAYEZ A NOTRE ORDRE
LA SOMME DE SOIXANTE-SEPT MILLE LIVRES CONTRE
VALEUR REÇUE.

Tiré sous Crédit irrévocable de Thameside Bank PLC CHICAGO.

Numéro 56890 en date du 12 juillet 1993.

Destinataire :   Thameside Bank PLC
                CHICAGO

                                Pour LUNAR LIMITED,

                                ....
                                Directeur

Bill of exchange

SPECIMEN

£67,000 London
12th July 1993

AT SIGHT OF THIS SOLA OF EXCHANGE PAY TO OUR ORDER
THE SUM OF POUNDS STERLING SIXTY SEVEN THOUSAND
ONLY FOR VALUE RECEIVED

Drawn under Irrevocable Credit of Thameside Bank PLC
CHICAGO. Number 56890 dated 12th July 1993.
To: Thameside Bank PLC
      CHICAGO

                          For and on behalf of
                          LUNAR LIMITED

                          ....
                          Director

Facture d'avoir

Maison MERCIER
18 rue de Ligny
30000 NIMES

Avoir

Avoir n°   4567Y
Date   23 avril 1993
Code-client 30076

Société GOFFIN
67 rue des Pins
30000 NIMES

Réf.	Désignation	Quantité	P.U.H.T.	Montant
34	serviettes	30	50,00	1 500,00
		Total hors TVA		1 500,00
		TVA 18,60%		279,00
		A VOTRE CREDIT TTC		1 779,00

Credit note

Lakeland Construction
13 Birmingham Road
Glasgow
G56 8DF

CREDIT NOTE
1

Hunter's Pharmacy
37 Sutton Tce
Glasgow
G6 5FR

24 July 1993

REF.	DETAILS	NET	VAT
GRA213	CREDIT DUE	40.00	7.00
		TOTAL NET	40.00
		TOTAL VAT	7.00
		CREDIT TOTAL	47.00

Commande

COMMANDE	Page: 1/1

Nom/adresse du fournisseur

Contact PAPYRUS: Mathieu Druart
Code Affectation: F2036

Ets. Watrin et fils
rue du Bocage 34
4800 VERVIERS
BELGIQUE

Date	Commande No	Total H.T.	Devise
3/8/93	84091120	15.20	GBP

Lieu de livraison

S.A. PAPYRUS 2000
18 avenue Chantecler
74000 ANNECY
FRANCE

Adresse de facturation

S.A. PAPYRUS 200
18 avenue Chantecler
74000 ANNECY
FRANCE

Livraison		Paiement : 30 FDM LE 25
		Règlement chèque : à 0 jour le 25

Poste	Désignation	Quantité	P.U.	Remise	Délai	Total
1	FOURNITURES SCOLAIRES	1 000	15,20	0,00	31/8/93	15 200,00

Cette commande est soumise aux conditions indiquées au verso (sauf dispositions particulières indiquées ci-dessous).

Total de la page 15 200,00
Total depuis le poste 1 : 15 200,00

VISA ACHAT......................

Tél. : (43) 95.25.40.40 Fax : (43) 95.25.41.42

Purchase order

Clyde Accounts Bureau	Purchase Order No. 5298507
52 Marlborough Cres.	Page 1
Glasgow	Supplier No. 5DL902
G13 9HI	Issuing Dept. DEX
	Requisition ref. 29057
	Date 02-07-93

CONTACT/DELIVERY POINT:

ABC Ltd
125 New Road
Glasgow
G52 3TN

Clyde Accounts Bureau
52 Marlborough Cres.
Glasgow
G13 9HI

Please supply the goods/services specified subject to our general conditions and any special conditions/instructions set out below unless otherwise indicated. The relevant goods/services should be delivered to the person at the above address to whom any queries should be directed.

ITEM	QTY	DESCRIPTION	PRICE(exc.VAT)	REQUIRED DATE
1	2 boxes	9.5x241 mm 2 part nct plain list paper	20.00	02.3.93

Special conditions/instructions

Please deliver these goods to the above address

Authorised by............

GENERAL CONDITIONS FOR SUPPLY OF GOODS AND SERVICES

1. The Purchase Order No. must be quoted on all correspondence, advice notes and invoices.

2. All invoices must be sent to the Finance Dept. at the above address to ensure payment.

3. Goods and/or services must be supplied by the required date indicated above.

Demande d'ouverture de crédit documentaire

BANQUE NATIONALE DU NORD
DEMANDE D'OUVERTURE DE CREDIT DOCUMENTAIRE

Nom et adresse du donneur d'ordre

Compte n°   Guichet   Cte Gal   Cte individuel

BANQUE NATIONALE DU NORD

Guichet : _____

Suivant instructions ci-dessous et lignes marquées d'une croix, veuillez ouvrir pour notre compte un crédit documentaire :

- [ ] **révocable** (pouvant être modifié ou annulé à tout moment) sans responsabilité de votre part ni de la part de votre correspondant
- [ ] **irrévocable**, c'est-à-dire irrévocable de votre part, à faire notifier par votre correspondant sans qu'il y ajoute sa confirmation
- [ ] **irrévocable et confirmé**, c'est-à-dire irrévocable de votre part et de celle de votre correspondant qui, en confirmant le crédit, ajoutera son propre engagement au vôtre
- [ ] **transférable** [ ] **non transférable**

chez

- [ ] votre correspondant

par
- [ ] lettre recommandée
- [ ] lettre ordinaire
- [ ] lettre avion
- [ ] télégramme de nuit (1/2 tarif)
- [ ] télégramme ordinaire   Telex [ ] succinct [ ] détaillé

en faveur de

validité

Date :   Lieu :

montant

[ ] environ [ ] maximum

réalisable
- [ ] à vue
- par acceptation par vous-même de traites à :   jours [ ] de vue   [ ] de la date d'expédition
- par acceptation par votre correspondant de traites à :   jours   des documents

expéditions partielles   transbordements   expédition de :
- [ ] autorisées [ ] interdites [ ] autorisés [ ] interdits   à :
                                au plus tard le :

conditions d'expédition
- [ ] FOB
- [ ] CAF ou CIF
- [ ] C et F
- [ ] FAS
- [ ] départ d'usine
- [ ] franco sur wagon point de départ
- [ ] franco rendu point de destination
- [ ] franco frontière
- [ ] à préciser, ex. : franco frontière/franco frontière italienne

contre remise des documents suivants à nous adresser

- [ ] facture commerciale en _____ exemplaires
- [ ] jeu complet de connaissements net de réserves à bord à ordre : _____
- [ ] duplicata de lettre de voiture internationale ferroviaire estampillé par la gare de départ *
- [ ] lettre de voiture internationale routière *
- [ ] lettre de transport aérien
  * établie au nom et à l'adresse de : _____
- [ ] notify ou consignes éventuelles

- [ ] police ou certificat d'assurance couvrant les risques suivants : _____
- [ ] note de poids
- [ ] liste de colisage
- [ ] certificat sanitaire délivré le jour de l'embarquement
  par :
- [ ] certificat d'origine

relatif à

nature des marchandises, quantité, prix, etc.

Les documents devront être présentés à votre correspondant dans les   jours de la date d'expédition.

- [ ] Assurance souscrite par nos soins. Délégation à votre profit.
- [ ] Assurance souscrite par le vendeur. Nous ne désirons cependant pas de document d'assurance.
- [ ] Marchandise non assurée.

T.S.V.P.

Copie à conserver par le donneur d'ordre

Application for documentary credit

THAMESIDE BANK
APPLICATION FOR DOCUMENTARY CREDIT

Choice indicated thus [X]   Date:

To Thameside Bank		40A	Please open
Branch:			irrevocable ☐ transferable ☐ revocable ☐ documentary credit
Sorting code:			Transmit by
59	Applicant:		☐ teletransmission ☐ airmail
			☐ preadvise main details by teletransmission
50	Beneficiary:	31D	Expiry date:
		32B	Amount (currency, words and figures)
57	Beneficiary's Bank (if known)		The amount to be drawn in full unless one of the following choices is made:
		39	☐ up to ☐ about (+/-10%)
Credit available to beneficiary against presentation of documents		44	Shipped: Dispatched: Taken in charge
☐ at sight			From
☐ after days calculated from			To
☐ plus beneficiary's draft		43P	Partshipments allowed ☐ Yes ☐ No
71B	Charges for applicant's account:	43T	Transhipments allowed ☐ Yes ☐ No *
	☐ all ☐ only Thameside Bank Charges for beneficiary's account: ☐ all ☐ only other bank's	48	Presentation of documents must be made within days after date of issue of transport document but prior to expiry of the Credit.

45A	Description of goods:
46A	Documents required (other documents may be shown on separate sheet and attached hereto)

☐ Invoice in original and copies

☐ Air waybill: ☐ Freight forwarder's air waybill: ☐ Transport document: indicating goods taken in charge and consigned to: ....

marked ☐ freight payable at destination ☐ freight prepaid

☐ Marine bills of lading ☐ Combined transport* bills of lading consisting of full set, clean on board, issued to order, blank endorsed and marked ☐ freight payable at destination ☐ freight prepaid; notify:

....

☐ Insurance policy or certificate in original and copies endorsed in blank for the invoice value of the goods plus % (minimum 10%) covering All Risks including War Risks, Strikes (together with Riots and Civil Commotions)

Further instructions:

*Before prohibiting transhipment, check that uninterrupted carriage is possible. Transhipment is inseparable from combined transport documents.

NOMS GEOGRAPHIQUES

Afghanistan *m* Afghanistan
Afrique *f* Africa
Afrique du Sud *f* South Africa
Algérie *f* Algeria
Allemagne *f* Germany
Amérique *f* America
Amérique du Nord *f* North America
Amérique du Sud *f* South America
Andorre *f* Andorra
Angleterre *f* England
Angola *m* Angola
Antilles *fpl* West Indies
Arabie Saoudite *f* Saudi Arabia
Argentine *f* Argentina
Arménie *f* Armenia
Asie *f* Asia
Australie *f* Australia
Autriche *f* Austria
Azerbaïdjan *m* Azerbaijan
Bahreïn *m* Bahrain
Bangladesh *m* Bangladesh
Barbade *f* Barbados
Belgique *f* Belgium
Bélize *m* Belize
Bhoutan *m* Bhutan
Biélorussie *f* Byelorussia
Bolivie *f* Bolivia
Botswana *m* Botswana
Brésil *m* Brazil
Brunei *m* Brunei
Bulgarie *f* Bulgaria
Cambodge *m* Cambodia
Cameroun *m* Cameroon
Canada *m* Canada
CEI (Communauté d'Etats Indépendants) *f* CIS (Commonwealth of Independent States)
Chili *m* Chili
Chine *f* China
Colombie *f* Colombia
Congo *m* Congo
Corée du Nord *f* North Korea
Corée du Sud *f* South Korea
Corse *f* Corsica
Costa Rica *m* Costa Rica
Côte d'Ivoire *f* Ivory Coast
Danemark *m* Denmark
Ecosse *f* Scotland
Egypte *f* Egypt
Eire *f* Eire
Emirats arabes unis *mpl* United Arab Emirates
Espagne *f* Spain
Estonie *f* Estonia
Etats-Unis *mpl* United States
Europe *f* Europe
Finlande *f* Finland
France *f* France
Gabon *m* Gabon
Gambie *f* Gambia
Géorgie *f* Georgia
Ghana *m* Ghana
Grande-Bretagne *f* Great Britain
Grèce *f* Greece
Groenland *m* Greenland
Guadeloupe *f* Guadeloupe
Guatemala *m* Guatemala
Guinée *f* Guinea
Guyana *f* Guyana
Guyane française *f* French Guiana
Hollande *f* Holland
Honduras *m* Honduras
Hong Kong Hong Kong
Hongrie *f* Hungary
Iles de la Manche *fpl* Channel Islands
Inde *f* India
Indonésie *f* Indonesia
Irak *m* Iraq
Iran *m* Iran
Irlande *f* Ireland
Irlande du Nord *f* Northern Ireland
Islande *f* Iceland
Israël *m* Israel
Italie *f* Italy

Geographical Names

Jamaïque *f* Jamaica
Japon *m* Japan
Jordanie *f* Jordan
Kenya *m* Kenya
Koweït *m* Kuwait
Laos *m* Laos
Lettonie *f* Latvia
Liban *m* Lebanon
Liberia *m* Liberia
Libye *f* Libya
Liechtenstein *m* Liechtenstein
Lituanie *f* Lithuania
Luxembourg *m* Luxemburg
Madagascar *m* Madagascar
Maghreb *m* countries of North Africa
Malawi *m* Malawi
Malaysia *f* Malaysia
Mali *m* Mali
Maroc *m* Morocco
Mauritanie *f* Mauritania
Mexique *m* Mexico
Moldavie *f* Moldavia
Moyen-Orient *m* Middle East
Mozambique *m* Mozambique
Namibie *f* Namibia
Népal *m* Nepal
Nicaragua *m* Nicaragua
Niger *m* Niger
Nigeria *m* Nigeria
Norvège *f* Norway
Nouvelle-Zélande *f* New Zealand
Oman *m* Oman
Ouganda *m* Uganda
Pakistan *m* Pakistan
Palestine *f* Palestine
Papouasie-Nouvelle-Guinée *f* Papua New Guinea
Paraguay *m* Paraguay
Pays-Bas *mpl* Netherlands
Pays de Galles *m* Wales
Pérou *m* Peru
Philippines *fpl* Philippines
Pologne *f* Poland
Portugal *m* Portugal
République dominicaine *f* Dominican Republic
République tchèque *f* Czech Republic
Roumanie *f* Romania
Royaume-Uni *m* United Kingdom
Russie *f* Russia
Scandinavie *f* Scandinavia
Sénégal *m* Senegal
Sierra Leone *f* Sierra Leone
Singapour *m* Singapore
Slovaquie *f* Slovakia
Somalie *f* Somalia
Soudan *m* Sudan
Sri Lanka *m* Sri Lanka
Suède *f* Sweden
Suisse *f* Switzerland
Syrie *f* Syria
Taiwan Taiwan
Tanzanie *f* Tanzania
Tasmanie *f* Tasmania
Tchad *m* Chad
Thaïlande *f* Thailand
Tiers Monde *m* Third World
Tobago Tobago
Togo *m* Togo
Trinidad *f* Trinidad
Tunisie *f* Tunisia
Turquie *f* Turkey
Ukraine *f* Ukraine
Uruguay *m* Uruguay
Venezuela *m* Venezuela
Viêt-nam *m* Vietnam
Yémen du Nord *m* North Yemen
Yémen du Sud *m* South Yemen
Zaïre *m* Zaire
Zambie *f* Zambia
Zimbabwe *m* Zimbabwe

Noms géographiques

GEOGRAPHICAL NAMES

* *employé sans article* * used without any article

Afghanistan Afghanistan *m*
Africa Afrique *f*
Algeria Algérie *f*
America Amérique *f*
Andorra Andorre *f* *
Angola Angola *m*
Argentina Argentine *f*
Armenia Arménie *f*
Asia Asie *f*
Australia Australie *f*
Austria Autriche *f*
Azerbaijan Azerbaïdjan *m*
Bahrain Bahreïn *m*
Bangladesh Bangladesh *m*
Barbados Barbade *f*
Belgium Belgique *f*
Belize Bélize *m*
Bhutan Bhoutan *m*
Bolivia Bolivie *f*
Botswana Botswana *m*
Brazil Brésil *m*
Brunei Brunei *m*
Bulgaria Bulgarie *f*
Byelorussia Biélorussie *f*
Cambodia Cambodge *m*
Cameroon Cameroun *m*
Canada Canada *m*
Chad Tchad *m*
Channel Islands Iles de la Manche *fpl*
Chili Chili *m*
China Chine *f*
CIS (Commonwealth of Independent States) CEI (Communauté d'Etats Indépendants) *f*
Colombia Colombie *f*
Congo Congo *m*
Corsica Corse *f*
Costa Rica Costa Rica *m*
Czech Republic République tchèque *f*
Denmark Danemark *m*
Dominican Republic République dominicaine *f*
Egypt Egypte *f*
Eire Eire *f*
England Angleterre *f*
Estonia Estonie *f*
Ethiopia Ethiopie *f*
Europe Europe *f*
Finland Finlande *f*
France France *f*
French Guiana Guyane française *f*
Gabon Gabon *m*
Gambia Gambie *f*
Georgia Géorgie *f*
Germany Allemagne *f*
Ghana Ghana *m*
Great Britain Grande-Bretagne *f*
Greece Grèce *f*
Greenland Groenland *m*
Guadeloupe Guadeloupe *f*
Guatemala Guatemala *m*
Guinea Guinée *f*
Guyana Guyana *f*
Holland Hollande *f*
Honduras Honduras *m*
Hong Kong Hong Kong *
Hungary Hongrie *f*
Iceland Islande *f*
India Inde *f*
Indonesia Indonésie *f*
Iran Iran *m*
Iraq Irak *m*
Ireland Irlande *f*
Israel Israël *m* *
Italy Italie *f*
Ivory Coast Côte d'Ivoire *f*
Jamaica Jamaïque *f*
Japan Japon *m*
Jordan Jordanie *f*
Kenya Kenya *m*
Kuwait Koweït *m*

Geographical names

Laos Laos *m*
Latvia Lettonie *f*
Lebanon Liban *m*
Liberia Liberia *m*
Libya Libye *f*
Liechtenstein Liechtenstein *m*
Lithuania Lituanie *f*
Luxemburg Luxembourg *m*
Madagascar Madagascar *m* *
Malawi Malawi *m*
Malaysia Malaysia *f*
Mali Mali *m*
Mauritania Mauritanie *f*
Mexico Mexique *m*
Middle East Moyen-Orient *m*
Moldavia Moldavie *f*
Morocco Maroc *m*
Mozambique Mozambique *m*
Namibia Namibie *f*
Nepal Népal *m*
Netherlands Pays-Bas *mpl*
New Zealand Nouvelle-Zélande *f*
Nicaragua Nicaragua *m*
Niger Niger *m*
Nigeria Nigeria *m*
North America Amérique du Nord *f*
North Korea Corée du Nord *f*
North Yemen Yémen du Nord *m*
Northern Ireland Irlande du Nord *f*
Norway Norvège *f*
Oman Oman *m* *
Pakistan Pakistan *m*
Palestine Palestine *f*
Papua New Guinea Papouasie-Nouvelle-Guinée *f*
Paraguay Paraguay *m*
Peru Pérou *m*
Philippines Philippines *fpl*
Poland Pologne *f*
Portugal Portugal *m*
Romania Roumanie *f*
Russia Russie *f*
Saudi Arabia Arabie Saoudite *f*

Scandinavia Scandinavie *f*
Scotland Ecosse *f*
Senegal Sénégal *m*
Sierra Leone Sierra Leone *f*
Singapore Singapour *m* *
Slovakia Slovaquie *f*
Somalia Somalie *f*
South Africa Afrique du Sud *f*
South America Amérique du Sud *f*
South Korea Corée du Sud *f*
South Yemen Yémen du Sud *m*
Spain Espagne *f*
Sri Lanka Sri Lanka *m*
Sudan Soudan *m*
Sweden Suède *f*
Switzerland Suisse *f*
Syria Syrie *f*
Taiwan Taiwan *
Tanzania Tanzanie *f*
Tasmania Tasmanie *f*
Thailand Thaïlande *f*
Third World Tiers Monde *m*
Tobago Tobago *
Togo Togo *m*
Trinidad Trinidad *f*
Tunisia Tunisie *f*
Turkey Turquie *f*
Uganda Ouganda *m*
Ukraine Ukraine *f*
United Arab Emirates Emirats arabes unis *mpl*
United Kingdom Royaume-Uni *m*
United States Etats-Unis *mpl*
Uruguay Uruguay *m*
USA Etats-Unis *mpl*
Venezuela Venezuela *m*
Vietnam Viêt-nam *m*
Wales Pays de Galles *m*
West Indies Antilles *fpl*
Zaire Zaïre *m*
Zambia Zambie *f*
Zimbabwe Zimbabwe *m*

Villes

VILLES

Alger Algiers
Athènes Athens
Barcelone Barcelona
Bruxelles Brussels
Le Caire Cairo
Copenhague Copenhagen
Douvres Dover
Edimbourg Edinburgh
Francfort Frankfurt
Gênes Genoa
Genève Geneva
Hambourg Hamburg
La Haye The Hague
Lisbonne Lisbon
Londres London
Lyon Lyons
Marseille Marseilles
Montréal Montreal
Moscou Moscow
Québec Quebec City
Téhéran Tehran
Varsovie Warsaw
Venise Venice
Vienne Vienna

CITIES

Algiers Alger
Athens Athènes
Barcelona Barcelone
Brussels Bruxelles
Cairo Le Caire
Copenhagen Copenhague
Dover Douvres
Edinburgh Edimbourg
Frankfurt Francfort
Geneva Genève
Genoa Gênes
The Hague La Haye
Hamburg Hambourg
Lisbon Lisbonne
London Londres
Lyons Lyon
Marseilles Marseille
Montreal Montréal
Moscow Moscou
Quebec City Québec
Tehran Téhéran
Venice Venise
Vienna Vienne
Warsaw Varsovie

MONNAIES

couronne *f* crown
dinar *m* dinar
dollar *m* dollar
dollar australien *m* Australian dollar
dollar canadien *m* Canadian dollar
dollar de Hong Kong *m* Hong Kong dollar
drachme *f* drachma
escudo *m* escudo
florin *m* florin
franc *m* franc
franc belge *m* Belgian franc
franc français *m* French franc
franc suisse *m* Swiss franc
lire *f* lira
livre *f* pound
livre irlandaise *f* punt
livre sterling *f* pound sterling
mark *m* mark
peseta *f* peseta
peso *m* peso
rand *m* rand
rial *m* rial
rouble *m* rouble
roupie *f* rupee
schilling *m* schilling
shilling *m* shilling
yen *m* yen

CURRENCIES

Australian dollar dollar australien *m*
Belgian franc franc belge *m*
Canadian dollar dollar canadien *m*
crown couronne *f*
dinar dinar *m*
dollar dollar *m*
drachma drachme *f*
escudo escudo *m*
florin florin *m*
franc franc *m*
French franc franc français *m*
Hong Kong dollar dollar de Hong Kong *m*
lira lire *f*
mark mark *m*
peseta peseta *f*
peso peso *m*
pound livre *f*
pound sterling livre sterling *f*
punt livre irlandaise *f*
rand rand *m*
rial rial *m*
rouble rouble *m*
rupee roupie *f*
schilling schilling *m*
shilling shilling *m*
Swiss franc franc suisse *m*
yen yen *m*

POIDS ET MESURES
WEIGHTS AND MEASURES

Longueur/ Length - metric

1 centimètre (cm)		=0.3937 inch (in)
1 mètre (m)	= 100 cm	=1.0936 yards (yds)
1 kilomètre (km)	= 1000 m	=0.6214 mile

*Poids/*Weight - metric

1 kilogramme (kg)		=2.2046 pounds (lbs)
1 tonne (t)	= 1000 kg	=0.984 ton

*Capacité/*Capacity - metric

1 cm^3		=0.0610 cubic (cu.) in
1 dm^3	= 1000 cm^3	=0.0353 cu. ft
1 m^3	= 1000 dm^3	=1.3080 cu. yds
1 litre	= 1 dm^3	=0.2200 gallon

*Longueur - mesure britannique/*Length - Imperial

1 inch		= 2,54 cm
1 foot	=12 inches	= 0,3048 m
1 yard	=3 feet	= 0,9144 m
1 mile	=1760 yards	= 1,6093 km

*Poids - mesure britannique/*Weight - Imperial

1 pound		= 0,4536 kg
1 hundredweight (cwt)	=112 pounds	= 50,802 kg
1 ton	=20 cwt	= 1,0161 tonnes

*Capacité - mesure britannique/*Capacity - Imperial

1 cu. inch		= 16,387 cm^3
1 cu. foot	=1728 cu. inches	= 0,0283 m^3
1 cu. yard	=27 cu. ft.	= 0,7646 m^3
1 quart		= 1,1365 litres
1 gallon		= 4,5461 litres
1 US gallon		= 3,7853 litres